授業で使えるプリント集

クロスワードで社会科授業が楽しくなる!

村野 聡 著

明治図書

まえがき　―クロスワードパズルで基礎学力が身につく！―

クロスワードパズルを授業で活用するという実践を私が初めて知ったのは，今から10年以上も前の話になる。『教室ツーウェイ』誌（明治図書）の1993年１月号で「クロスワードで教科書のまとめ」という特集を読んだのだ。これに刺激されて自分もクロスワードパズルを作ってみたのが実践のきっかけである。

６年生の政治単元をすべてクロスワード化した。子どもたちは熱中した。

シーンとした空気の中，クロスワードパズルに取り組んだのである。

「おもしろかった。」「もっとクロスワードをやりたい。」

中学校へ行って「クロスワードパズルクラブ」を作った子まで出た。

その後も４年生「東京都」編，５年生「産業」編，６年生「歴史」編と作ってきた。

それらすべてのクロスワードパズルは下記ホームページに掲載してある。

インターネットランド（ＴＯＳＳ商標）　http://www.tos-land.net/
No. 検索で「1143133」を入力　「社会科クロスワード集」

その後，クロスワードパズルを使った授業で基礎学力を身につけられないかと模索した。

特別な準備もなく，教科書を中心とした１時間の授業。これが日常的な授業であり，教室で最も多くの時間行われる授業である。

この日常的な授業をいかに充実させるかが子どもたちの基礎学力を大きく左右する。

本書ではクロスワードパズルを使った日常的な指導法について提案する。決して，派手な授業ではない。しかし，子どもたちの基礎学力をきちんと押さえるには有効な指導法だと考えている。

本書には４年生から６年生までのほぼすべての授業に対応したクロスワードパズルを掲載した。できる限り，新教科書に対応した形で作ったつもりである。

したがって，本書があれば社会科のほとんどの授業に対応できるものと考えている。是非，教室に置いていただき，子どもたちにクロスワードパズルの楽しさを知らせ，基礎学力を身につけさせていただきたい。

本書を出版するに当たって，私が代表を務めるＴＯＳＳ青梅教育サークルの仲間に，原稿やクロスワードパズルを検討してもらった。

また，クロスワードパズルのカットは私の息子と娘である嶺（小５）と瑠璃（小３）が描いた。

そして，何よりも，本書を執筆する機会を与えてくださった明治図書の樋口雅子編集長及び及川誠氏に心よりお礼を申し上げる。

様々な方々の支えがあって本書が誕生した。

2005．３．８　**村野　聡**

目　次

Ⅳ 5年生クロスワード・授業で使えるプリント集 … 35

【5年生編】

〈食料生産〉

⑱ 米づくり …………………… 35
⑲ 土地改良と機械化 ………… 36
⑳ 品種改良と化学肥料・農薬 37
㉑ 稲作農家の悩み ………… 38
㉒ これからの稲作 ………… 39
㉓ 米以外の農産物 ………… 40
㉔ 日本の漁場 ……………… 41
㉕ 漁港の様子 ……………… 42
㉖ 漁業の現状 ……………… 43
㉗ 育てる漁業 ……………… 44
㉘ これからの食料生産 ……… 45

〈工業生産〉

㉙ 自動車ができるまで ……… 46
㉚ 環境にやさしい工場 ……… 47
㉛ 関連工場 ………………… 48
㉜ 自動車の輸送 …………… 49
㉝ これからの自動車作り …… 50
㉞ 世界とつながる自動車 …… 51
㉟ 日本の貿易 ……………… 52
㊱ 日本の工業の特色 ……… 53
㊲ 工業のさかんな地域 ……… 54
㊳ 中小工場 ………………… 55
㊴ これからの工業生産 ……… 56

〈情　報〉

㊵ 天気予報と情報 ………… 57
㊶ ニュース番組 …………… 58
㊷ 情報発信マナー ………… 59

〈日本の国土〉

㊸ あたたかい地方のくらし① 60
㊹ あたたかい地方のくらし② 61
㊺ あたたかい地方のくらし③ 62
㊻ 寒い地方のくらし① ……… 63
㊼ 寒い地方のくらし② ……… 64
㊽ 寒い地方のくらし③ ……… 65
㊾ 日本の領土のようす ……… 66
㊿ 日本の気候のようす ……… 67
51 日本の地形のようす ……… 68

〈環　境〉

52 公害病 …………………… 69
53 森林のはたらき ………… 70
54 森林を育てる …………… 71
55 環境問題 ………………… 72

1　教材としてのクロスワードパズルのよさ

1　クロスワードパズルの組み立て

教材としてのクロスワードパズルを次のような組み立てで作った。本書に掲載したクロスワードパズルの見本を以下に１つ示す。

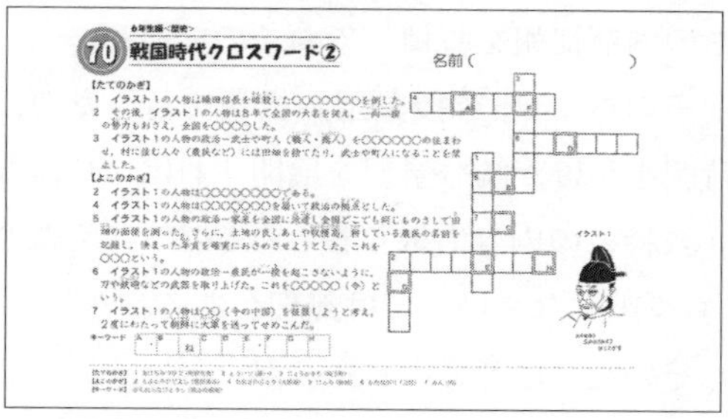

(1)　問題

「たてのかぎ」の問題と「よこのかぎ」の問題からなる。問題文の〇の数が答えの字数を表している。

(2)　解答欄

「たてのかぎ」の答えは縦のマス（解答欄）に，「よこのかぎ」の答えは横のマスにひらがなで書いていく。問題番号と同じ数字のマスから書き出す。縦と横で交差している部分に同じひらがなが重なる。

(3)　キーワード

すべての答えの言葉の一部（アルファベットのマス）を集めると別の新しい言葉が完成する。ここができていればすべての問題に正解している可能性が高い。

(4)　解答

子どもに配布する場合は解答を切り取って印刷する。子どもたちに〇つけさせたい場合にはこの部分を折って取り組ませるとよい。

2　教材としてのよさ

クロスワードパズルの教材としてのよさは次の通りである。

(1)　パズルそのものの楽しさを味わえる。

クロスワードパズルは解くだけでも楽しい。子どもはパズルが大好きである。

(2)　答えの字数がわかっているので答えのヒントになる。

答えが「ひらがなで何文字なのか」わかっているので字数が大きなヒントになり，取り組みやすい。

(3)　答えがクロスしているので，１つの答えがわかると他の答えのヒントになる。

クロスワードパズルは言葉と言葉が交差して組み合わされている。そのため，１つの答えが分かるともう一方の答えの一部がわかることになる。これが大きなヒントとなる。

(4)　答えを間違えると，言葉がうまくクロスしないのでフィードバックすることになる。自習しながらも学習が成立する。

当然，答えが違うと，言葉と言葉がうまくクロスしないので，間違いが分かる。

このようなクロスワードパズルのよさを生かしつつ，授業に取り入れていく。

11　クロスワードパズルを授業にどう取り入れるか

1　「通常型」授業と「研究授業型」授業

社会科の授業は大きく次の２つに分けて考えることができる。

⑴　「通常型」授業
⑵　「研究授業型」授業

この分類は新牧賢三郎氏が向山型理科の授業を２つに分けた方法と同じである。社会科授業についても同じように分類が可能である。

⑴の「通常型」授業とは特別な準備もなく教科書を中心に教室で淡々と行う授業である。多くの教室ではこの授業が90％以上を占めると考えられる。

⑵の「研究授業型」授業は特別に教材研究を深め，準備も様々に行う授業である。比較的華やかで研究授業時の提案授業のようなものを指す。年間にして２～３回程度の大掛かりな授業である。このような授業を行うには，インターネットランド（ＴＯＳＳ商標）から検索して行うのが一番よい方法である。

http://www.tos-land.net/

本書では，⑴の「通常型」授業について提案する。

2　クロスワードパズルを活用した「通常型」授業

社会科における基礎基本をきちんと身につけさせるには90％以上を占める「通常型」授業を充実したものにしなくてはならない。

毎日毎日の授業こそが大切なのだ。

毎日使用できる教材とは何か。

もちろん，教科書である。当然，教科書に書かれた内容は社会科の基礎基本でもある。教科書を最大限に活用する。

まずは教科書の内容を確実に理解させることが第一歩である。教科書を使って子どもたちの内部情報を蓄積しておくのである。

その後，「研究授業型」授業を行ったり，時間をかけた調べ学習を展開すればよい。

教科書の内容も取り扱わないで「考えなさい」「調べなさい」では無理がある。

そのために考え出したのが，

クロスワードパズルを活用した「通常型」授業

である。

3　「通常型」授業－１時間の流れ

次のように１時間の授業を展開する。

⑴　教科書の追い読みをさせる。(学習範囲は見開き２ページ程度である。)
⑵　子どもに作業(アンダーライン等)させながら読みすすめる。
⑶　子どもだけで同じところを読ませる。
⑷　教科書から問題を10問程度出し，答えさせる。
⑸　クロスワードパズルに挑戦させる。

教科書とクロスワードパズルさえあれば誰でもできる展開である。

しかも，１時間で教科書に５回，目を通す

ようになっている。変化のある繰り返しである。

1回目　教師の音読を聞きながら
2回目　自分が追い読みしながら
3回目　自分でもう一度読みながら
4回目　教科書問題を解きながら
5回目　クロスワードパズルを解きながら

これで教科書の内容はほぼ押さえられるはずである。

以下，指導ステップにそって具体的な指導法を紹介していく。

4　教科書の追い読み・子どもの作業

社会科の教科書には文章の他，写真，統計（グラフ等），図，イラストなど，たくさんの情報が載っている。

文章を読ませながらこれら資料にも目を向けさせていく。

原則は見開き２ページ程度を学習範囲とする。

教科書76ページ。先生に続けて読みなさい。

教科書を一文ずつ追い読みさせる。追い読みとは，教師が一文だけ読み，それを追うように子どもたちが同じ一文を読んでいく方法である。

読み進めながら，次の作業を取り入れる。

1　重要語句に赤鉛筆とミニ定規でアンダーラインを引く
2　図や写真などの資料に指を置く
3　グラフを読み取る
4　隣の子の作業を確認する

例えば，次のように指示をする。四角囲みが教師の指示・発問・音読である。

（教師，教科書音読）

「この動きはたちまち全国に広がり，70万人の人々が参加した米そう動とよばれる民衆運動に発展しました。」

（子どもたち，追い読みする。）

「米そう動」に赤鉛筆でアンダーラインを引きなさい。

（子どもたち，引く。）

米そう動の様子の図が教科書に出ています。どこですか。指で押さえなさい。

（子どもたち，押さえる。）

お隣同士確認しなさい。

（隣の子が図を指で押さえているかどうか確認する。）

隣の子がきちんと押さえていたという子は手を挙げなさい。

（子どもたち，挙手。）

その図の下の説明を読みます。

(教師，読み上げる。)

「米そう動の様子　米の値下げを求める人々が米屋や役所におしかけ，政府は，警察のほか軍隊まで出動させて，ようやくしずめました。」

(子どもたち，追い読みする。)

もとにもどります。(以下，続ける。)

このように，重要語句にアンダーラインを引かせ，図や写真資料にも目を通させ，その下の説明文も全部読ませる。

この時間に使用するクロスワードパズルの答えになっている箇所には必ずアンダーラインを引かせる。

もしも，教科書の関係でクロスワードパズルの答えが出ていない場合には，教科書にその答えを書き込ませておいたり，資料集の中から見つけさせたりする。

クロスワードパズルが解けるように伏線を張っておくのだ。アンダーラインを引かせると，教科書の読み取りが苦手な子でもクロスワードパズルに対応できる。

なお，「お隣同士の確認」は毎回する必要はない。慣れてきたら時々，やればよい。

こうして見開き2ページ程度の追い読みを行うのである。

ちなみに，「グラフを読み取る」とは，次のことを読み取らせることである。

1　タイトル(表題)は何か・出典は何か・年度はいつか

2　縦軸は何を表しているか(単位は何か)横軸は何を表しているか(単位は何か)

3　グラフの傾向5つ

・変化なし

・穏やかに上がっている(下がっている)

・急激に上がっている(下がっている)

・上がってから下がっている(ピークがある)または下がってから上がっている(ボトムがある)

・あるところから急に変化している(または一部だけ変化している)

(『知的追求「向山型社会」の展開　小学5年』ＴＯＳＳ社会科研究会・吉田高志編，明治図書刊，谷和樹論文による)

5　同じところを子どもだけで音読

一通り終えたら，

今，先生が読んだところをすべてもう一度読みます。読み終わったら座ってもう一度読んで待っていなさい。全員，起立。

こう言って，学習範囲をもう一度読ませる。音読である。図や写真の説明もグラフの表題も，すべて先ほど教師が読んだところを読ませる。

立って読ませるのは，誰が読み終えたか確

認するためである。

座った子にもう一度読ませるのは，はやく読み終えた子の空白を埋めることと，遅い子の読みにくさを解消するためである。最後の一人が静かな中で音読を続けるのはつらいのだ。だから，座った子にも音読をさせるのである。

全員が座ったところで音読をやめさせる。

6　教科書問題を解く

次は教科書の内容を読み取るために「向山型一字読解指導」形式で問題を10問程度出題する。「向山型一字読解指導」とは向山型国語のパーツの一つで，簡単な問いをテンポよく出していき，文章の内容の読み取りをマスターさせるための指導法である。

吉田高志氏はこの指導法を社会科の教科書に応用したのである。（『教室ツーウェイ』誌No. 241，明治図書刊，吉田高志論文参照）

> ノートに１～10まで番号を書きなさい。

と指示してノートに解答欄を作らせる。

教科書から問題を出していく。子どもたちはノートに答えのみを書いていく。

例えば，次のような問題を出す。

Ｑ１　何の生産高が世界一位になったのですか。（生糸）

Ｑ２　日清戦争で得た賠償金の一部を使って北九州に何を作りましたか。（八幡製鉄所）

Ｑ３　足尾銅山の鉱毒事件に取り組んだ政治家は誰ですか。（田中正造）

Ｑ４　女性の権利と地位の向上を目指す運動をした人は誰ですか。（平塚らいてう）

Ｑ５　富山県の主婦たちが米の値下げを求めた民衆運動を何といいますか。（米騒動）

Ｑ６　この運動には何人参加しましたか。（70万人）

Ｑ７　差別に苦しんでいた人々が差別と戦うために作ったのは何ですか。（全国水平社）

Ｑ８　国民が自分たちの力で政治を進めていこうとする考え方を何といいますか。（民主主義）

Ｑ９　「選挙権のかく大」という資料を指差しなさい。選挙権をもてる人は増えていますか，減っていますか。（増えている）

Q10　1925年の時点で選挙権がなかったのはどんな人々ですか。これは難問ですよ。（25歳未満の男子とすべての女子）

出題する問題はできるだけクロスワードパズルの問題に重ねるようにする。クロスワードパズルをどの子も簡単に解けるようにこの段階でも伏線を張っておくのである。

問題を出していく時，「向山型一字読解指導」における次の原則を適用していく。

・易しい問題をたたみかけるように（テンポよく）出す。
・一問ずつ答え合わせをする。
・間違ったらその場で正しい答えを写させる。
・「ワンポイント説明」を重視し，「話し

合い・説明」はしない。
・教材文の流れにそって問う。

最後に,

「1問10点で点数を書きなさい。」

と指示し,点数を赤鉛筆で書き込ませる。

「全部できた子？」

と挙手させて,

「よくできました。」

と,ほめていく。

評価をきちんとするのである。

7　クロスワードパズルを解く

いよいよクロスワードパズルに挑戦である。解答部分を切り取って印刷しておく。

子どもたちに配布し,いきなり始める方法もあるが,一度,教師が問題文を読んで聞かせるとより確実である。

クロスワードパズルを解かせる手順（ユースウェア）は次の通りである。

(1)　問題文を教師が音読して聞かせる。
(2)　各自,パズルを解かせる。
(3)　終わった子は教師のところへ持ってこさせる。
(4)　教師は「キーワード」のみ○をつける。○をつけた子に,
「ノートに貼って持ってきなさい。」
と指示する。
(5)　ノートを持ってきた子には,黒板に答えを「漢字」で一問ずつ書かせる。
(6)　どうしても分からない子には,黒板の答えを写してもよいことを話す。
(7)　すべての答えが黒板に書かれたところでタイムアップとする。
(8)　全員に赤鉛筆を持たせ,列指名で問題文に答えを当てはめさせて言わせる。できていれば「問題番号」に○をつけさせていく。

以上の手順で行う。4で「キーワード」のみ○をつけていくのは,

行列を作らない

ようにするためである。子どもたちの空白の時間を作らないようにする。これは極めて大切なことだ。

そのため,本書のクロスワードパズルのキーワードはすべての問題の答えの一部を取って作られている。

したがって,クロスワードパズルのキーワードができていれば,すべての問題に正解している可能性がたいへん高いということになるのだ。

ここでは,とりあえず「キーワード」のみ通過させておく。細かい答えの確認作業はこのあとの時間に設ける。

キーワードに○をもらった子に「ノートに貼らせる」のも,その後,漢字で黒板に書かせるのもすべて,まだクロスワードパズルを終えていない子のための時間稼ぎであり,早く終えた子への空白禁止のための作業なのである。

黒板に書かれた答えはわからない子のヒントにもなる。

最終的に黒板に答えが全問埋まるころにはほとんどの子どものクロスワードパズルが終わっているはずである。そこで全員で○つけをする。

最後にクロスワードパズルをノートに貼っていない子にはきちんと貼らせる。ノートを持ってこさせ，全員のノートに目を通すのである。

以上が１時間の「通常型」授業での展開である。

指導案にして示すと次のようになる。

この指導を繰り返していくと子ども達は教科書の文章から「キーワード」を見つけ出すのがうまくなっていく。

教師がアンダーラインを指示する前にキーワードの下にミニ定規を置いて待ち構えている子も登場するようになる。教科書のポイントがつかめるようになるのだ。

このような効果も期待できるのである。

時間	学習活動と教師の主な活動・児童の反応例	指導上の留意点
10分	**1　学習範囲を追い読みさせる** 教科書○ページ。先生に続けて読みなさい。 ・教科書を一文ずつ追い読みさせる。 ・キーワードにアンダーラインを引かせる。 ・教科書の文章に対応する写真や資料を指で押さえさせる。指で押さえたとき，資料の解説文を読み上げる。 ・グラフを読み取らせる。	教科書の範囲は見開き２ページ程度とする。 クロスワードパズルの答えになっている箇所には必ずアンダーラインを引かせる。 お隣同士の確認を入れる。
5分	**2　子どもだけで学習範囲を音読させる** 今，先生が読んだところをすべてもう一度読みます。読み終わったら座ってもう一度読んで待っていなさい。全員，起立。	全員が座ったらやめさせる。
15分	**3　教科書問題を解かせる** ノートに１～10まで番号を書きなさい。 ・教科書から問題を10題出していく。子どもたちはノートに答えのみを書いていく。 ・次のように出題する。 ・易しい問題をたたみかけるように（テンポよく）出す。 ・一問ずつ答え合わせをせる。 ・間違ったらその場で正しい答えを写させる。 ・「ワンポイント説明」を重視し，「話し合い・説明」	クロスワードパズルの問題と重なるように出題する。

	はしない ・教材文の流れにそって問う。	
	・最後に点数をノートに書かせ，何点か挙手させる。	評定する。
10分	**4　クロスワードパズルを解く** クロスワードパズルに挑戦します。 ・問題文を教師が音読して聞かせる。 ・各自，パズルを解かせる。 ・終わった子は教師のところへ持ってこさせる。 ・教師は「キーワード」のみ○をつける。○をつけた子に，「ノートに貼って持ってきなさい。」と指示する。 ・ノートを持ってきた子には，黒板に答えを「漢字」で一問ずつ書かせる。 ・どうしても分からない子には，黒板の答えを写してもよいことを話す。 ・すべての答えが黒板に書かれたところでタイムアップとする。	クロスワードパズルは解答部分を切り取って印刷しておく。
	・全員に赤鉛筆を持たせ，列指名で問題文に答えを当てはめさせて言わせる。できていれば「問題番号」に○をつけさせていく。	最後に全員のクロスワードパズルがノートに貼られているか確認する。

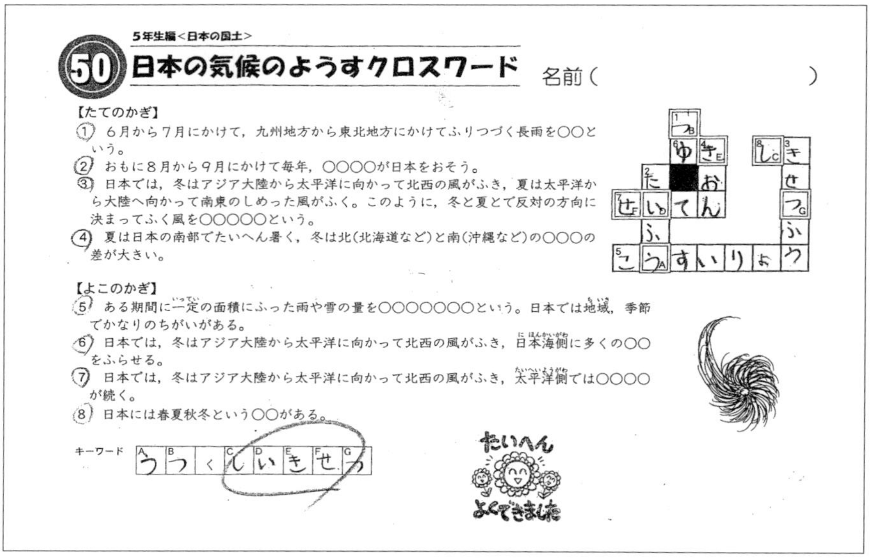
5年生編<日本の国土>

50 日本の気候のようすクロスワード　名前（　　　　　　）

【たてのかぎ】
① 6月から7月にかけて，九州地方から東北地方にかけてふりつづく長雨を○○という。
② おもに8月から9月にかけて毎年，○○○○が日本をおそう。
③ 日本では，冬はアジア大陸から太平洋に向かって北西の風がふき，夏は太平洋から大陸へ向かって南東のしめった風がふく。このように，冬と夏とで反対の方向に決まってふく風を○○○○○という。
④ 夏は日本の南部でたいへん暑く，冬は北(北海道など)と南(沖縄など)の○○○の差が大きい。

【よこのかぎ】
⑤ ある期間に一定《いってい》の面積にふった雨や雪の量を○○○○○○○という。日本では地域《ちいき》，季節でかなりのちがいがある。
⑥ 日本では，冬はアジア大陸から太平洋に向かって北西の風がふき，日本海側《にほんかいがわ》に多くの○○をふらせる。
⑦ 日本では，冬はアジア大陸から太平洋に向かって北西の風がふき，太平洋側《たいへいようがわ》では○○○○が続く。
⑧ 日本には春夏秋冬という○○がある。

キーワード　A う　B つ　く　C し　D い　E き　F せ　G つ

▲子どもが解いたクロスワードパズル

8　クロスワードパズル活用アラカルト

クロスワードパズルの活用方法は他にもある。そのいくつかを紹介する。

(1)　調べ学習に使う

問題を自分たちで調べさせながら解かせていく活用方法である。教科書や資料集で調べさせながら問題を解かせる。その過程で「調べる力」を育てることができる。

時にはこの方法も刺激的である。

「通常型」授業の場合とは違い，まずクロスワードパズルを子どもたちに配布する。

教科書や資料集を使って，クロスワードパズルを解きなさい。

こう言って始めさせる。

多くの子はこの丸投げ状態で与えられたクロスワードパズルに挑戦意欲を掻き立てられるようだ。

なかなか答えが見つからない問題がある時，

「無理のようですね。教えましょうか。」

と煽ると，

「だめ！絶対に教えないで！」

と必死である。

そんな中で全問クリアーした子は飛び上がって喜ぶのである。

もちろん，中にはまったく解けない子が出てしまうことがある。

その場合には，教科書を全員に読ませてから始めさせたり，ヒントを出したりなどの配慮が必要になってくるのは当然である。

(2)　単元のまとめ・テストに使う

クロスワードパズルを単元のまとめの学習で活用することにより，重要語句を押さえたり，学んだ知識のまとめをすることができる。

単元の途中で一度使用したクロスワードパズルであっても，もう一度行うことで単元の総まとめをすることができる。

はやく解いてしまった子には答えを漢字でノートに書かせるようにするとよい。

また，クロスワードパズルを評価テストとして活用することも可能である。「楽しみながらできるテスト」ということになる。

クロスワードパズルをそのまま解かせれば「知識」の評価テストになる。

また，教科書や資料集を使って解かせれば「資料活用能力」の評価テストになるのである。

(3)　教師不在時（自習・宿題）に使う

クロスワードパズルは朝学習等の自習時や宿題で出すと子ども達から喜ばれる数少ない教材の一つである。

出張等で教室を空けるときにもクロスワードパズルは最適な補教教材となる。

補教に入った教師が子どもと一緒に夢中になって解いているらしい。

問題が難しそうな部分は，解答欄の一部に文字を書き込んで印刷するなどして難易度を調節することもできる。

自習教材として使用する場合には解答つきで印刷し，その部分を折って使用させるとよい。子どもに○つけまでさせることができるからである。

9　クロスワードパズル作成法

向山洋一氏は「教材づくり」の四条件を以下のように言う。

> 一，教材を印刷して，教室でやってみる。
> 　言う言葉は「このプリントをやりなさい」 ということだけ。プリントについての説明は一切しない。一人でも質問する子がいたら，欠陥プリントである。修正しなくてはならない。
> 二，プリントを，どの子も熱中して取り組む。教室はシーンとなる。はりつめた空気がうまれる。これがいい条件のプリントである。
> 三，作業時間がプリント一枚につき，最低でも十五分はある。二，三分で終わるようなプリントを，わざわざ印刷する人はいない。
> 四，終わった後，子どもたちが楽しかった——という。又は，次もまたやってという。これも，いい教材の条件である。
> 向山洋一著『子どもが燃える授業には法則がある』（明治図書刊）より引用

クロスワードパズルを最初に指導するときは若干の説明が必要になる。「答えはひらがなで書くこと」や「キーワードの作り方」などである。

しかし，一度教えればクロスワードパズルを配布しただけで，子ども達は熱中して取り組む。教室がシーンとする。

作業時間も子どもに丸投げ状態で行うならば最低15分は必要だ。(「通常型」授業で行うと，はやい子は５分程度で持ってくることがある。)

そして，子どもたちから「またやろう。」とアンコールがかかるのである。

向山氏の四条件をほぼクリアーできていると思う。

そんなクロスワードパズルの作成方法は以下の通りである。

> (1)　教科書を中心に単元のキーワード(答え)をひらがなでノートに書き出す。
> (2)　書き出した言葉同士の同じひらがなに目をつけてノートにクロスさせる。
> (3)　クロスワードパズル全体のキーワード（かくれた言葉）になりそうなひらがなをクロスワードパズルの中から選び決定する。
> (4)　パソコンでクロスさせたマス（解答欄）を書く。数字やアルファベットも書き込む。
> (5)　答えから問題文を作る。
> (6)　解答・表題・名前欄なども作る。
> (7)　カットを書きこみ完成。

問題数は10問前後にしている。

また，できるだけ漢字にはふりがなをふり，教師不在でもできるようにする。

クロスワードパズル全体のキーワード（かくれた言葉）はすべての答えの中から１語ずつ取り出している。

そうすれば，「キーワード」を埋められた子は全部の問題に正解している可能性が大きいことがわかるからである。

ぜひ，クロスワードパズル作成に挑戦していただきたい。

10　クロスワードパズルを使った学習成果

クロスワードパズルを使った社会科の一単元を次のように構成していくことができる。

> (1)　「通常型」授業は「クロスワード学習」で行う。
>
> (2)　できたら単元に一回「研究授業型」授業を行う。この授業はインターネットランド（ＴＯＳＳ商標）から検索して行う。
>
> (3) 単元のまとめは「見開き２ページ」でノートにまとめる。（見開き２ページの実践は『個別評定の原理原則』新牧賢三郎編（明治図書）の村野論文を参照のこと。）

このような指導の成果の一つとして，５年生の市販テストの結果を示す。学級平均点である。

農業	86点
水産業	88点
これからの食料生産	92点
自動車工場	92点
自動車がとどくまで	93点
これからの工業生産	89点
情報	90点

平均点はほぼ90点である。

それなりの力を子どもたちが身につけていることがわかる。

クロスワードパズルを使った学習による成果である。

また，こんな成果も現れた。

家庭学習でクロスワードパズルを作ってくる子が登場したのである。

授業でクロスワードパズルを解いているうちに作り方を習得してしまったのだ。

子どもの作ったクロスワードを一つ紹介する。

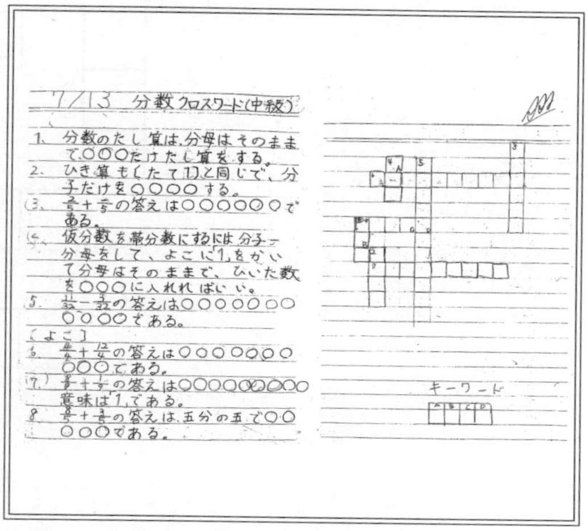

子どもたちはクロスワードパズルを解くことを毎時間楽しみにしていた。

こんな感想を書く子がいた。

> 私は国語，算数，社会の中で一番好きな科目は社会です。社会の好きなところはクロスワードをやることです。クロスワードはその日に勉強したことをやるのですぐできちゃってとても楽しいです。そのほかにも十問テストや教科書を読んだりとても楽しいです。はっきり言って社会楽しいです。これからも楽しい授業よろしくお願いします。

このような声をたくさん聞くことができた。これも成果の一つである。

4年生編＜地図の見方＞

1　地図記号クロスワード①

名前（　　　　　　　　　　）

【たてのかぎ】

1　アの地図記号は○○○○○○である。

2　イの地図記号は○○○○○である。

3　ウの地図記号は○○○○○である。

4　エの地図記号は○○○○である。

5　オの地図記号は○○○である。

【よこのかぎ】

3　カの地図記号は○○○○○○○である。

6　キの地図記号は○○○○である。

7　クの地図記号は○○○○である。

8　ケの地図記号は○○○○○である。

9　コの地図記号は○○○○○○○である。

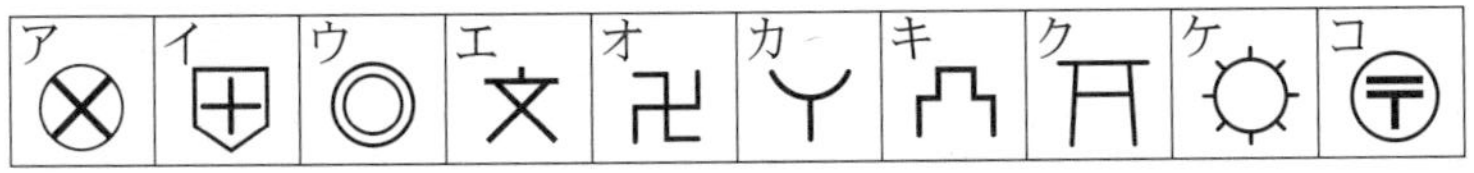

キーワード

A	B	C		D	E			F	G		H	I	J
			な			ろ	に			ま			

【たてのかぎ】　1 けいさつしょ（警察署）　2 びょういん（病院）　3 しやくしょ（市役所）　4 がっこう（学校）　5 じいん（寺院）

【よこのかぎ】　3 しょうぼうしょ（消防署）　6 しろあと（城跡）　7 じんじゃ（神社）　8 こうじょう（工場）　9 ゆうびんきょく（郵便局）

【キーワード】　いろんなところにいきましょう（いろんなところに行きましょう）

4年生編＜地図の見方＞

② 地図記号クロスワード②

名前（　　　　　　　　　）

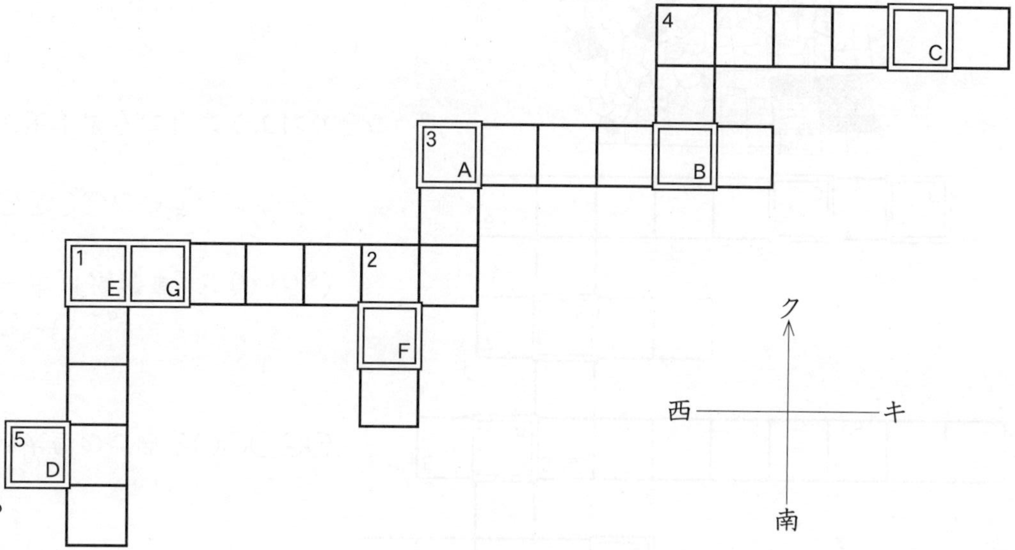

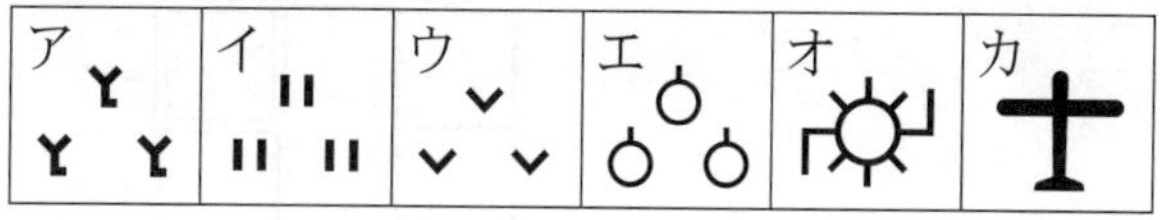

【たてのかぎ】

1　アの地図記号は○○○○○である。

2　イの地図記号は○○○である。

3　ウの地図記号は○○○である。

4　キの方位は○○○である。

【よこのかぎ】

1　エの地図記号は○○○○○○○である。

3　オの地図記号は○○○○○○である。

4　カの地図記号は○○○○○○である。

5　クの方位は○○である。

キーワード

A゛	B	C		D	E	F	G
			を				

【たてのかぎ】　1 くわばたけ（桑畑）　2 たんぼ（田んぼ）　3 はたけ（畑）　4 ひがし（東）
【よこのかぎ】　1 くだものばたけ（果物畑）　3 はつでんしょ（発電所）　4 ひこうじょう（飛行場）　5 きた（北）
【キーワード】　ばしょをきくんだ（場所を聞くんだ）

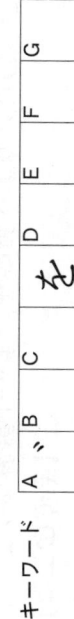

4年生編＜ごみ＞

3 ごみの種類クロスワード

名前（　　　　　　　　　　　）

【たてのかぎ】

1　ごみの種類《しゅるい》①－生《なま》ごみや紙くずなどは○○○○○である。

2　ごみの種類②－ビニールや金ぞくなどは○○○○○○である。

3　ごみの種類③－新聞紙やペットボトル，かん，びんなどは○○○○○である。（ヒント…「リサイクルごみ」ともいう。）

【よこのかぎ】

4　ごみの種類④－タンスやソファーなどの大型《おおがた》のごみを○○○○○という。

5　ごみを集める車を○○○○○○○○○○○という。（ヒント…「パッカー車」「清掃車」ともいう。）

6　ごみを出す指定《してい》された場所を○○○○○○○○という。

7　ごみはごみの種類によって○○○○して出すようにしなくてはならない。

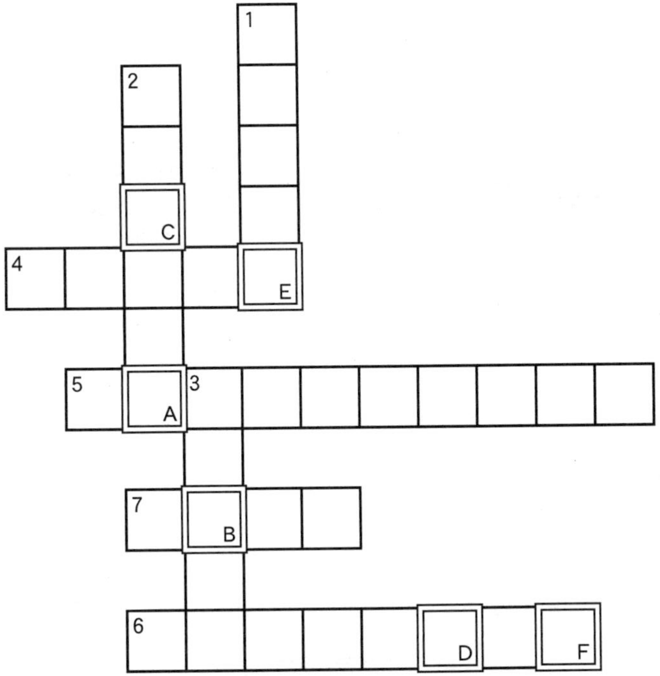

キーワード

A	B	C	D	E	F

【たてのかぎ】　1　もえるごみ（燃えるごみ）　2　もえないごみ（燃えないごみ）　3　しげんごみ（資源ごみ）
【よこのかぎ】　4　そだいごみ（粗大ごみ）　5　ごみしゅうしゅうしゃ（ごみ収集車）　6　ごみすてえしょん（ごみステーション）　7　ぶんべつ（分別）
【キーワード】　みんなしみん（みんな市民）

4年生編<ごみ>

4 もえるごみのゆくえクロスワード

名前（　　　　　　　　　　）

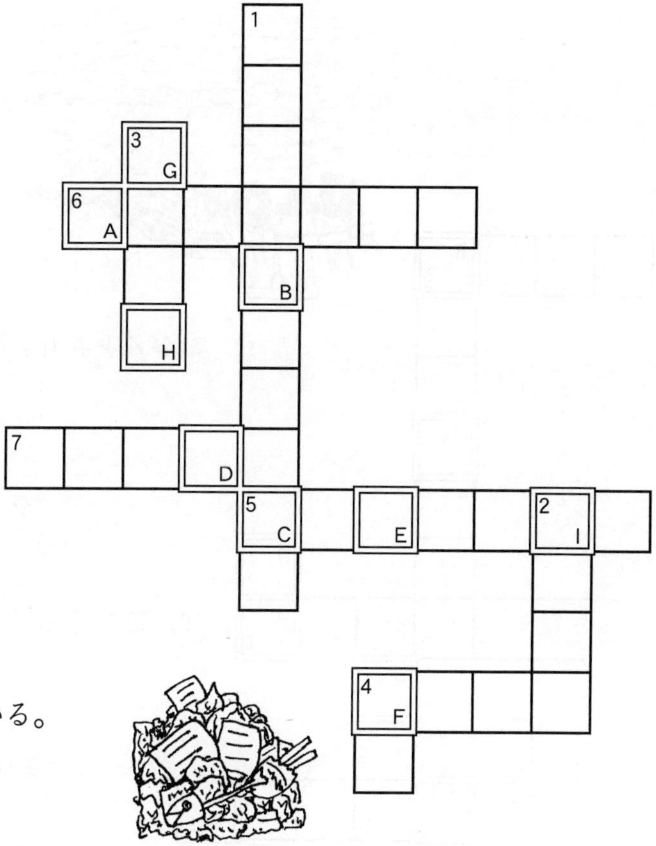

【たてのかぎ】

1　○○○○○○○○○○は集めたごみを清掃工場《せいそうこうじょう》まで運ぶ。（パッカー車、清掃車《せいそうしゃ》ともいう。）

2　ごみピットにためたごみを○○○○で【よこ5】へ運ぶ。

3　ごみをもやすときの熱を○○○○プールに利用しているところもある。

4　ごみをもやしてでた○○は処分場《しょぶんじょう》へ運ばれる。

【よこのかぎ】

4　ごみをもやすときでる熱でじょう気をつくり、○○○○をしているところもある。（ヒント…電気をつくること）

5　集めたごみは○○○○○○○でもやされる。

6　清掃工場の機械《きかい》はかんせい室（せいぎょ室）の○○○○○○○がちょうせいしている。

7　清掃工場ではまわりの○○○○○に注意しながらごみをもやしている。

キーワード

A	B	C ゛	D	E	F	G	H	I	
									ら

【たてのかぎ】　1 ごみしゅうしゅうしゃ（ごみ収集車）　2 くれえん（クレーン）　3 おんすい（温水）　4 はい（灰）
【よこのかぎ】　4 はつでん（発電）　5 しょうきゃくろ（焼却炉）　6 こんぴゅうたあ（コンピューター）　7 かんきょう（環境）
【キーワード】　こうじょうはおいくら（工場はおいくら）

4年生編<ごみ>

5 もえないごみのゆくえクロスワード

名前（　　　　　　　　　　　　）

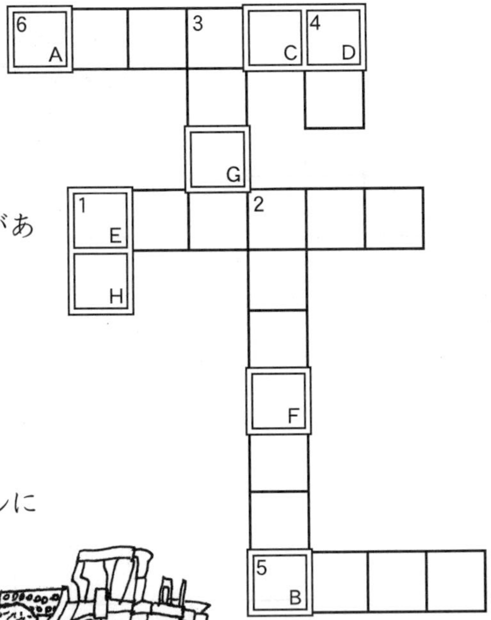

【たてのかぎ】

1　「もえるごみ」をもやしたあとの〇〇はもえないごみとして処理《しょり》される。

2　もえないごみは最終〇〇〇〇〇〇〇にうめられる。

3　もえないごみを捨てる量が増え続けると処分場《しょぶんじょう》が〇〇〇〇になってしまう心配がある。

4　処分場《しょぶんじょう》からはよごれた〇〇がにじみ出てきて自然をよごす心配がある。

【よこのかぎ】

1　大きなごみを細かくくだくことを〇〇〇〇〇〇という。アルミや鉄はリサイクルにまわし、もえるごみはもやす。もえないごみは処分場《しょぶんじょう》へまわす。

5　最終処分場《さいしゅうしょぶんじょう》には海を〇〇〇〇た処分場《しょぶんじょう》もある。

6　もえるごみに対してビニールごみなどを〇〇〇〇〇〇という。

キーワード

A	B	C	D	E		F	G	H
					ま			

【たてのかぎ】　1　はい（灰）　2　しょぶんじょう（処分場）　3　いっぱい（一杯）　4　みず（水）
【よこのかぎ】　1　はさいしょり（破砕処理）　5　うめたて（埋め立て）　6　もえないごみ（燃えないごみ）
【キーワード】　もうごみはまんぱい（もうごみは満杯）

4年生編＜ごみ＞

6 しげんごみのゆくえクロスワード

名前（　　　　　　　　　　）

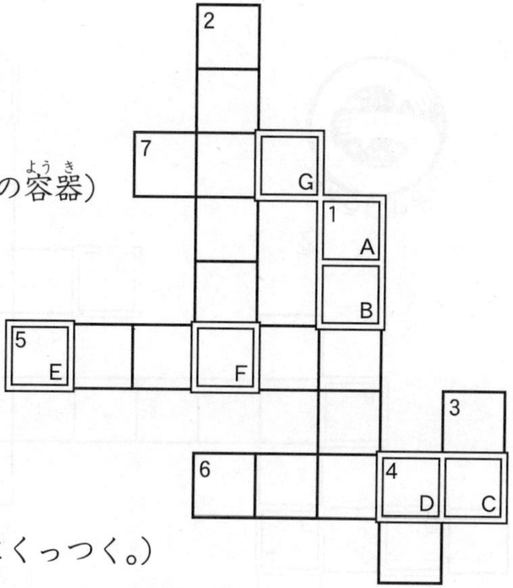

【たてのかぎ】

1　リサイクルできるごみを○○○○○という。

2　○○○○○○は，くだかれて洋服などに生まれかわる。（ヒント…ジュースなどの容器《ようき》）

3　○○は，色べつに分けてからくだき，タイルや新しい○○に生まれかわる。

4　○○は，とかして再生紙《さいせいし》に生まれかわる。

【よこのかぎ】

5　○○○○○○は，とかしてけんちくの材料などに生まれかわる。（ヒント…磁石《じしゃく》にくっつく。）

6　○○○○○は，とかして新しいかんに生まれかわる。

7　しげんごみの処理《しょり》は○○○のかかるたいへんな仕事である。（ヒント…人の数のこと）

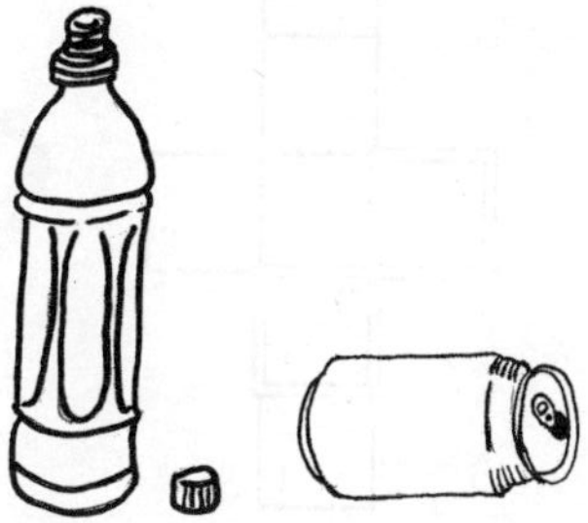

キーワード

A	B	C	D	E	F	G

【たてのかぎ】　1 しげんごみ（資源ごみ）　2 ぺっとぼとる（ペットボトル）　3 びん（瓶）　4 かみ（紙）
【よこのかぎ】　5 すちいるかん（スチール缶）　6 あるみかん（アルミ缶）　7 ひとで（人手）
【キーワード】　しげんかするで（資源化するで）

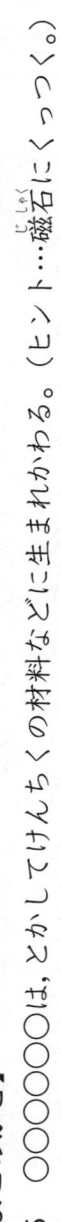

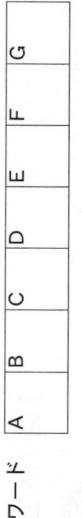

4年生編＜ごみ＞

7 ごみをへらす方法クロスワード

名前（　　　　　　　　　　）

【たてのかぎ】

1　ごみに出さずに〇〇〇〇〇〇〇〇〇に売る方法がある。（ヒント…お店）

2　①のマークを〇〇〇〇〇〇〇という。古紙《こし》を再利用《さいりよう》した製品《せいひん》につけられる。

【よこのかぎ】

3　生ごみをコンポストに入れて〇〇〇にする方法がある。（ヒント…ひりょうのこと）

4　こわれたものはすぐにすてないでなるべく〇〇〇〇して使う。
（ヒント…直すこと）

5　自分が使わなくなったものでも，だれかの役に立つことがあるので〇〇〇〇〇〇〇〇を開いて売る方法もある。
（ヒント…お店を路上《ろじょう》でひらく）

6　ごみをきちんと〇〇〇〇して出すこともごみをへらすことになる。

7　②のマークを〇〇〇〇〇という。環境《かんきょう》にやさしい製品《せいひん》につけられる。

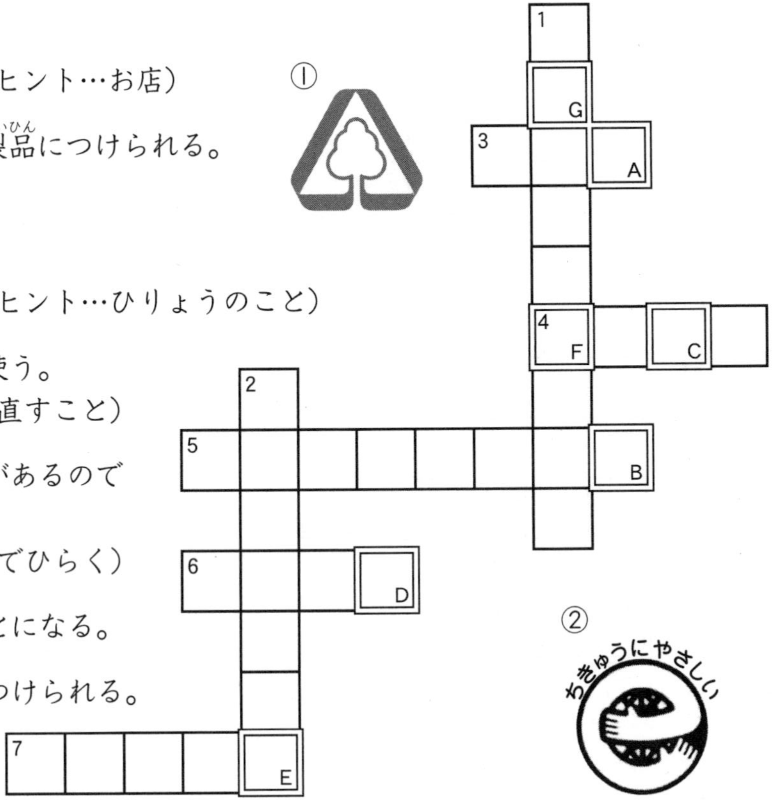

キーワード

A	B		C	D	E	F	G
		の					

【たてのかぎ】　1 りさいくるしょっぷ（リサイクルショップ）　2 ぐりいんまあく（グリーンマーク）
【よこのかぎ】　3 たいひ（堆肥）　4 しゅうり（修理）　5 ふりいまあけっと（フリーマーケット）　6 ぶんべつ（分別）　7 えこまあく（エコマーク）
【キーワード】　ひとのうつくしさ（人の美しさ）

4年生編＜交通事故＞

8 交通事故防止しせつクロスワード

名前（　　　　　　　　　　　　）

【たてのかぎ】

1　道路には「ちゅう車《しゃ》禁《きん》止《し》」「止まれ」など様々な〇〇〇〇〇〇〇が立っている。

2　道路を安全にわたるために作られた橋を〇〇〇〇〇〇〇〇〇という。

（ヒント…横断《おうだん》するための橋）

3　高速道路《こうそくどうろ》などでじゅうたいなどの情報《じょうほう》を伝《つた》える電光《でんこう》けいじ板《ばん》がある。これを交通〇〇〇〇〇〇〇という。

4　目がふじゆうな人にも道がわかるように道路に〇〇〇〇〇〇〇がしきつめられている場所がある。

【よこのかぎ】

5　歩行者を車から守《まも》るために作られたさくを〇〇〇〇〇〇という。

6　自転車だけが走れる道を〇〇〇〇〇〇〇〇〇道路という。

7　目がふじゆうな人のために音のでる〇〇〇〇〇がある。

8　見通《みとお》しの悪いところに設置《せっち》されて安全を守るかがみを〇〇〇〇〇〇という。

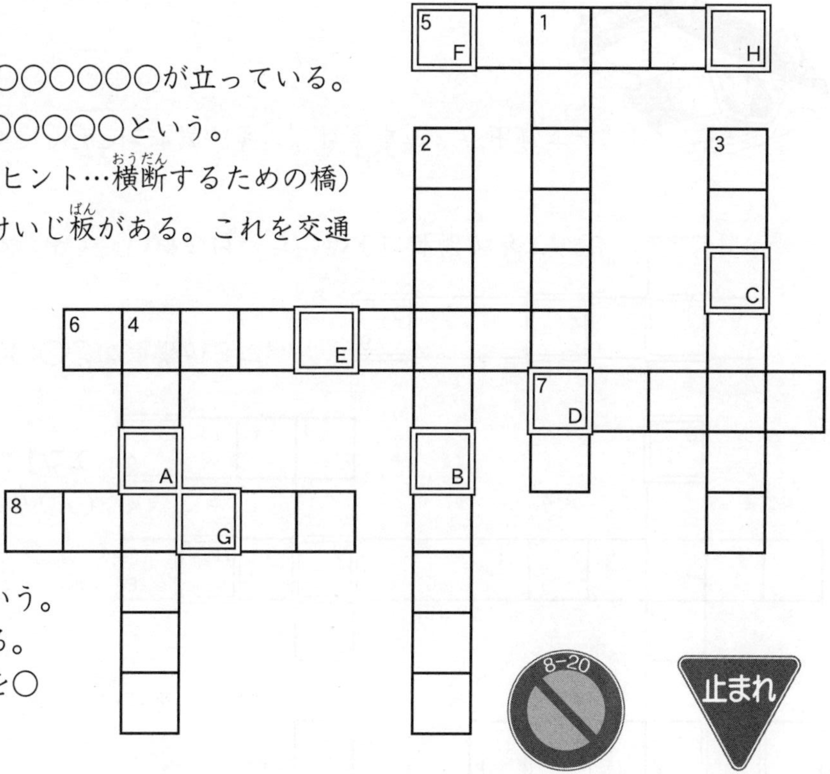

キーワード

A	B	C	D	E	F	G		H
							え	

【たてのかぎ】　1　どうろひょうしき（道路標識）　2　おうだんほどうきょう（横断歩道橋）　3　じょうほうばん（情報板）　4　てんじぶろっく（点字ブロック）

【よこのかぎ】　5　があどれえる（ガードレール）　6　じてんしゃせんよう（自転車専用）　7　しんごうき（信号機）　8　かあぶみらあ（カーブミラー）

【キーワード】　じどうしゃがみえる（自動車が見える）

4年生編<交通事故>

9 110番クロスワード

名前（　　　　　　　　　　）

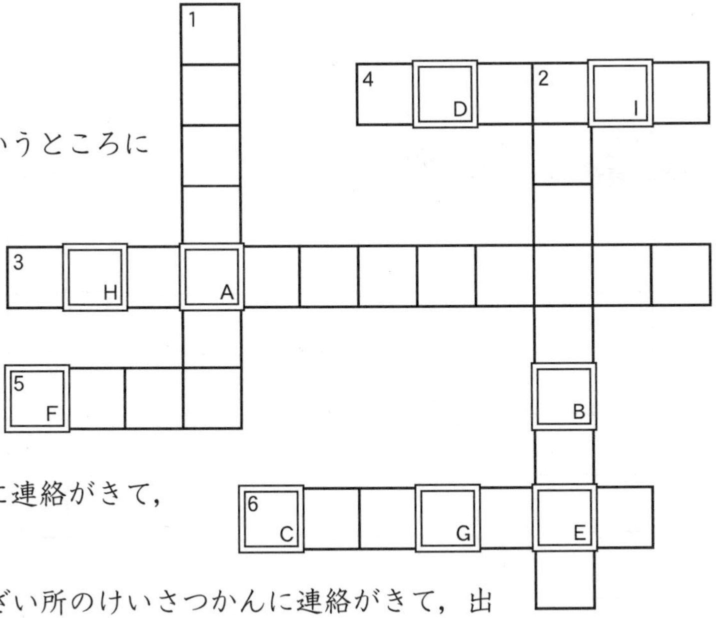

【たてのかぎ】

1　交通事故がおきたら○○○○○○○に電話する。

2　交通事故の電話はけいさつ本部《ほんぶ》にある○○○○○○○○○というところにつながる。

【よこのかぎ】

3　道路のこんざつの様子《ようす》を調べる仕事などをしているのが○○○○○○○○○○○○である。交通事故がおきたときは【たて2】の場所から連絡《れんらく》がくる。

4　交通事故がおきたときは【たて2】の場所から○○○○○○に連絡がきて，パトカーなどが出動《しゅつどう》する。

5　交通事故がおきたときはけいさつしょから○○○○やちゅうざい所のけいさつかんに連絡がきて，出動する。（ヒント…まちかどのおまわりさん）

6　交通事故がおきたときは【たて2】の場所から○○○○○○○に連絡がきて，救急車《きゅうきゅうしゃ》などが出動する。

キーワード

A	B	C	D	E゛	F	G	H	I

【たてのかぎ】　1　ひゃくとうばん（110番）　2　つうしんしれいしつ（通信指令室）
【よこのかぎ】　3　こうつうかんせいせんたあ（交通管制センター）　4　けいさつしょ（警察署）　5　こうばん（交番）　6　しょうぼうしょ（消防署）
【キーワード】　うれしいじこぼうし（嬉しい事故防止）

4年生編＜交通事故＞

10 けいさつしょの仕事クロスワード

名前（　　　　　　　　　　　）

【たてのかぎ】

1　けいさつは交通量《こうつうりょう》の多い交差点《こうさてん》で○○○○○○○をしたりする。

2　けいさつはちいきを○○○○○してまちの安全をまもる。（ヒント…見回りをすること）

3　○○○○○○○○○○○○では道路のこんざつの様子を，車を運転する人に伝《つた》える仕事をしている。

4　けいさつは道にとめてある○○○○○○○○の車を取りしまったりする。

【よこのかぎ】

5　けいさつは分からない○○を教えたりする。

6　けいさつは学校に行って○○○○○○○○○○○○○をひらき，自転車の安全な乗り方や横《おう》断歩道《だんほどう》のわたりかたを教えたりする。

7　けいさつは○○○○○の家をたずねて様子をきいたりする。（ヒント…「老人《ろうじん》」のこと）

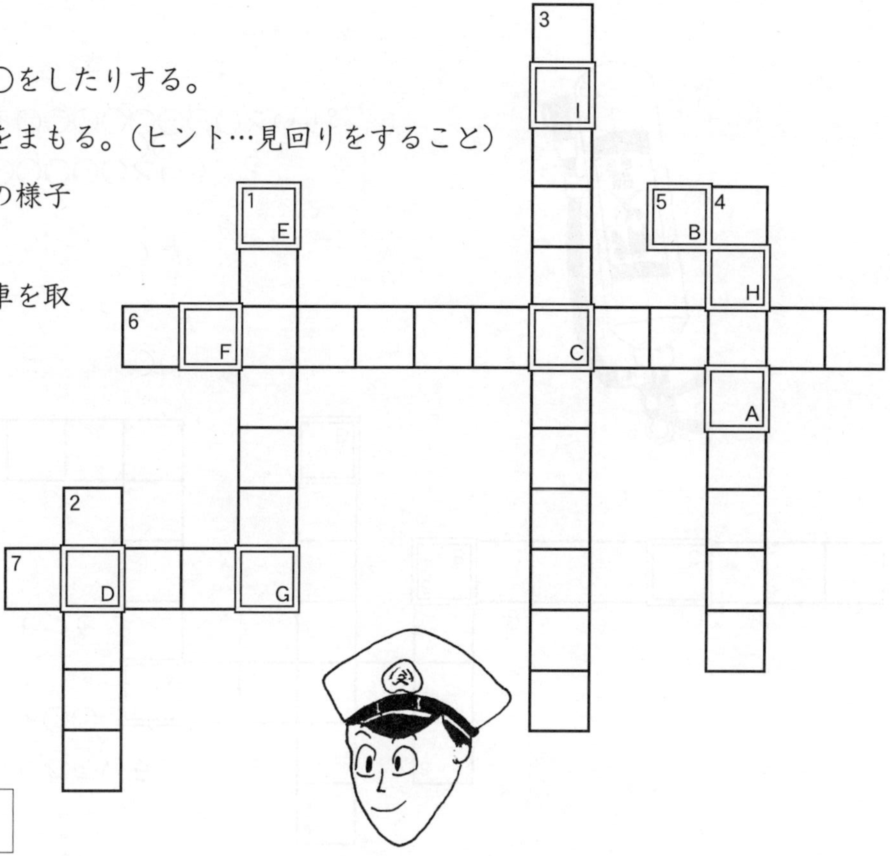

キーワード

A	B	C	D	E	F	G	H	I

【たてのかぎ】　1 こうつうせいり（交通整理）　2 ぱとろおる（パトロール）　3 こうつうかんせいせんたあ（交通管制センター）　4 ちゅうしゃいはん（駐車違反）
【よこのかぎ】　5 みち（道）　6 こうつうあんぜんきょうしつ（交通安全教室）　7 おとしより（お年寄り）
【キーワード】　しみんとこうりゅう（市民と交流）

4年生編＜消ぼう＞

11 消ぼうしせつクロスワード

名前（　　　　　　　　　　）

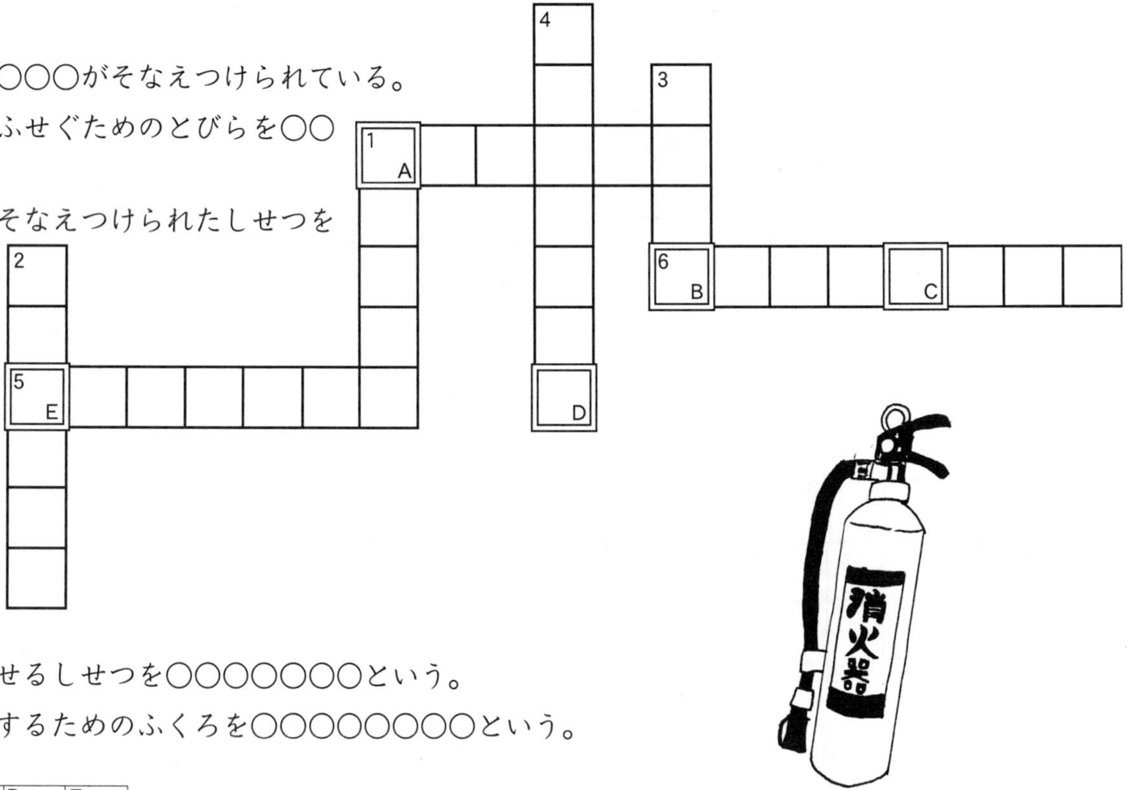

【たてのかぎ】

1　学校にも火を消すための○○○○○がそなえつけられている。

2　階だんから火事が広がるのをふせぐためのとびらを○○○○○○という。

3　けむりや熱を感知《かんち》する天井《てんじょう》にそなえつけられたしせつを○○○○という。

4　日ごろから消火用に水をためておくしせつを○○○○○○○という。

【よこのかぎ】

1　消火用の水をまかなうための水道しせつを○○○○○○という。

5　非常《ひじょう》ベルを鳴らし火災《かさい》を知らせるしせつを○○○○○○○という。

6　２階や３階から地上にひなんするためのふくろを○○○○○○○○という。

キーワード

A		B		C	D	E
	よ		し			

【たてのかぎ】　1 しょうかき（消火器）　2 ぼうかとびら（防火扉）　3 かんちき（感知器）　4 ぼうかすいそう（防火水槽）
【よこのかぎ】　1 しょうかせん（消火栓）　5 かさいほうちき（火災報知機）　6 きゅうじょぶくろ（救助袋）
【キーワード】　しょきしょうか（初期消火）

4年生編<消ぼう>

12 119番クロスワード

名前（　　　　　　　　　　　）

【たてのかぎ】

1　火事のときは〇〇〇〇〇〇〇〇〇番に電話する。

2　電話は消ぼう本部《ほんぶ》の通信《つうしん》〇〇〇室（センター）につながる。

3　火事のときは**【たて2】**の場所から〇〇〇〇〇〇〇へ指令《しれい》がいき，消ぼう車などが出動《しゅつどう》する。

4　**【たて2】**の場所から〇〇〇〇しょにも連らくをして，交通整理《こうつうせいり》などの仕事をしてもらう。

【よこのかぎ】

2　火事のときは**【たて2】**の場所から，ちいきの〇〇〇〇〇〇〇へ連らくをして，消火活動に出動《しゅつどう》してもらう。

5　**【たて2】**の場所からガス会社や〇〇〇〇〇会社にも連らくをして，現場《げんば》のガスや電気をとめてもらうなどする。

6　**【たて2】**の場所から〇〇〇〇局《きょく》に連らくをして，消火のための水をたくさん出してもらうようにたのんだりする。

7　**【たて2】**の場所から〇〇〇〇〇に連らくをして，けが人などを運ぶ。

8　火事の他，〇〇〇〇〇〇のときにも119番に電話をする。（ヒント…急病《きゅうびょう》など）

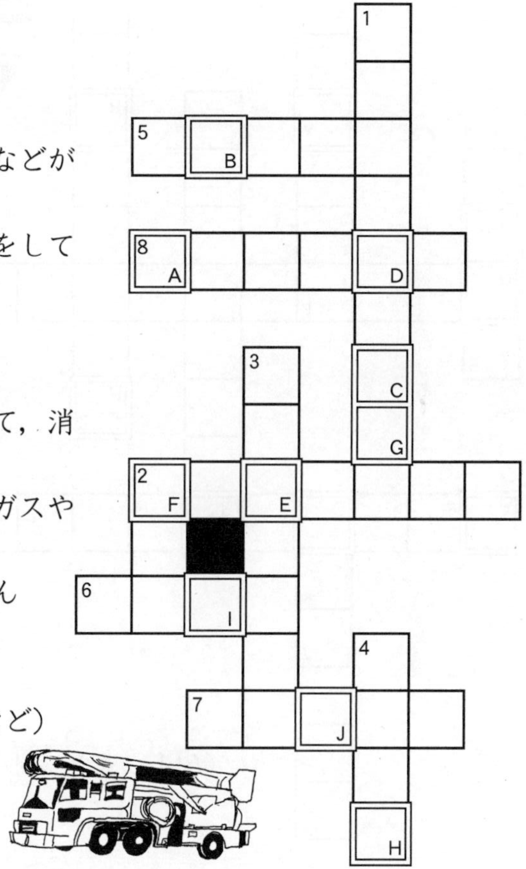

キーワード

A	B	C	D	E	F	G	H	I	J

【たてのかぎ】　1 ひゃくじゅうきゅう（119）　2 しれい（指令）　3 しょうぼうしょ（消防署）　4 けいさつ（警察）
【よこのかぎ】　2 しょうぼうだん（消防団）　5 でんりょく（電力）　6 すいどう（水道）　7 びょういん（病院）　8 きゅうきゅう（救急）
【キーワード】　きんきゅうしゅつどう（緊急出動）

4年生編<消ぼう>

13 消ぼうしょの仕事クロスワード

名前（　　　　　　　　　　）

【たてのかぎ】

1　消ぼうしょでは○○○○○○のためのパトロールを行ったりしている。（ヒント…火事の予防）

2　消ぼうしょでは地いきの人と○○○○○○○○○などを行っている。

3　１１９番は消ぼう自動車だけではなく○○○○○○○○○も呼ぶことができる。

4　消ぼうしょいんは出動《しゅつどう》にそなえて○○○○○をきたえている。

5　消ぼうしょでは消ぼう自動車や器《き》具《ぐ》の○○○○をしている。

【よこのかぎ】

6　救急車《きゅうきゅうしゃ》でかけつけ，急病人《きゅうびょうにん》やけが人を病院へ運ぶ仕事をするのが○○○○○○○○○○である。

7　【よこ６】の中で医《い》師《し》の指示により患者《かんじゃ》の手当てをする資《し》格《かく》を持つ人を○○○○○○○○○○○○○という。

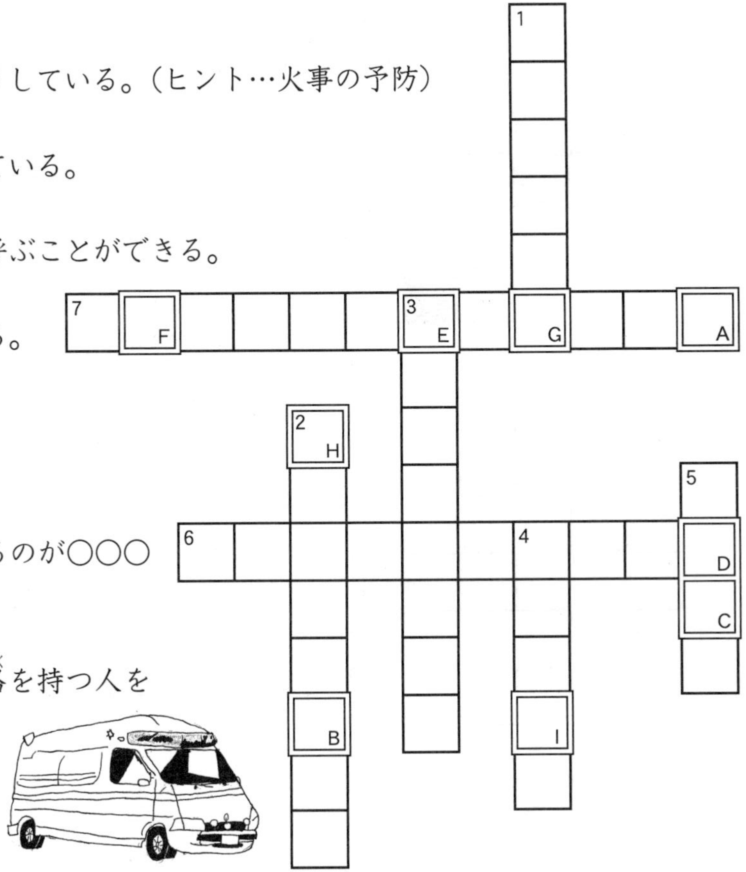

キーワード

A	B	C	D		E	F	G	H	゛	I
				な						

【たてのかぎ】　１　かさいよぼう（火災予防）　２　しょうかくんれん（消火訓練）　３　きゅうきゅうしゃ（救急車）　４　たいりょく（体力）　５　てんけん（点検）
【よこのかぎ】　６　きゅうきゅうたいいん（救急隊員）　７　きゅうきゅうきゅうめいし（救急救命士）
【キーワード】　しんけんなきゅうじょ（真剣な救助）

14 消ぼうだんの仕事クロスワード

名前（　　　　　　　　　　）

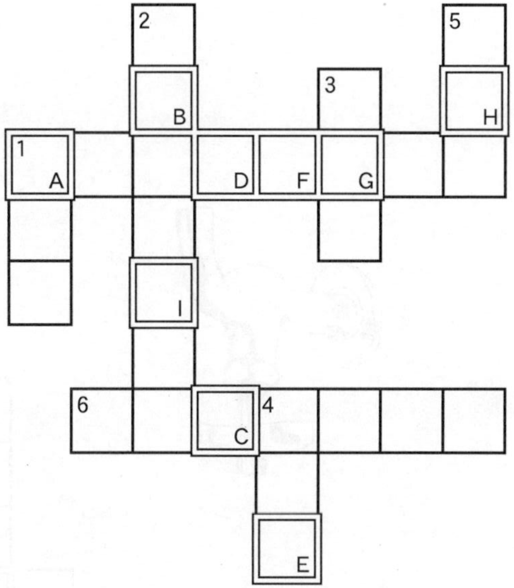

【たてのかぎ】

1　消ぼうだん員は，ふだんは，会社《かいしゃ》や商店《しょうてん》などで自分の○○○についている。

2　消ぼうだんは地いきで火事がおきたときにはかけつけて○○○○○○○と協力《きょうりょく》して消火《しょうか》活動《かつどう》にあたる。

3　消ぼうしょの人が帰ったあとは，火が消えたのをたしかめるために火事の○○○に残《のこ》る。

4　消ぼうだんは地いきの人々に○○○をよびかけたりする。

（ヒント…火を出さないようにすること）

5　消ぼうだんは火事以外にも，風水害《ふうすいがい》や○○○のときなども活動する。

【よこのかぎ】

1　消ぼうだんは地いきで○○○○○○○○などをおこない，地いきを火事から守《まも》る活動をする。

（ヒント…火を消すくんれん）

6　○○○○○○○は，地いきに住んでいる人々が中心になって作られている組《そ》しきである。

キーワード

A	B	C	D	E	F		G	H		I
						に			よ	

【たてのかぎ】　1 しごと（仕事）　2 しょうぼうしょ（消防署）　3 げんば（現場）　4 ぼうか（防火）　5 じしん（地震）
【よこのかぎ】　1 しょうかくんれん（消火訓練）　6 しょうぼうだん（消防団）
【キーワード】　しょうかかくにんしよう（消火確認しよう）

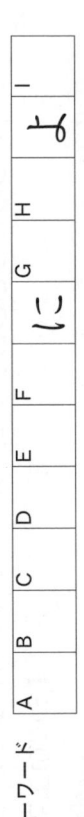

4年生編＜水道＞

15 水をつくるクロスワード

名前（　　　　　　　　　　　　）

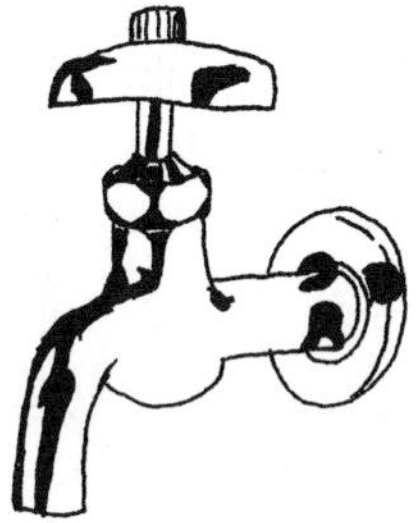

【たてのかぎ】

1　水をきれいにしているところを○○○○○○○○という。

2　川の○○○○○○からじょう水場へ水を引き入れる。

3　○○○を入れて水の中のごみをしずめる。

4　さらに，小さなにごりを取るために○○する。

【よこのかぎ】

5　きれいになった水を○○○○○してためておく。

6　できた水道水は○○○○○にためておき，土地の高さを利用して水にいきおいをつけて遠くへおくる。

7　水道水は○○○○○○を通って水道のじゃぐちから出てくる。

キーワード

み	A ゛	B	お	C	D	E	F

【たてのかぎ】　1 じょうすいじょう（浄水場）　2 とりいれぐち（取り入れ口）　3 くすり（薬）　4 ろか（ろ過）
【よこのかぎ】　5 しょうどく（消毒）　6 はいすいち（配水池）　7 すいどうかん（水道管）
【キーワード】　みずはおいしいか（水はおいしいか）

4年生編<水道>

16 水のみなもとクロスワード

名前（　　　　　　　　　）

【たてのかぎ】

1　山の森林は「○○○○○○」といわれている。

2　森林は○○○○をたくわえ，ゆっくり水を流しだすはたらきがある。

3　森林がゆっくり水を流しだすはたらきは，地面が○○○○のようなはたらきをするためである。（ヒント…おふろや台所にあるもの）

4　森林がないと，すぐに水が流れ出してしまいどしゃくずれや○○○○などのひがいがおきることもある。（ヒント…水があふれだすこと）

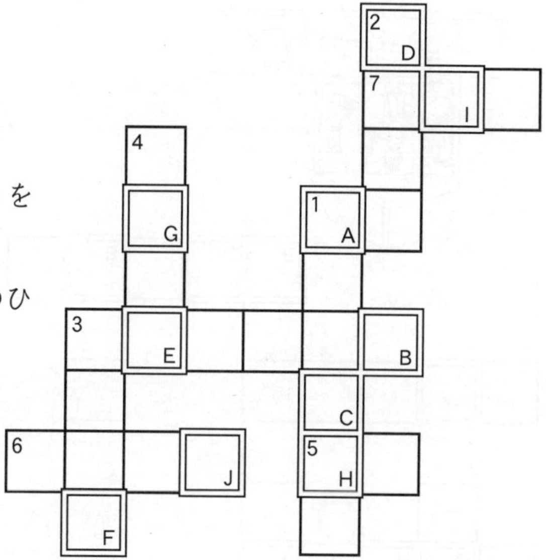

【よこのかぎ】

1　【よこ5】は川の○○の量《りょう》を調節《ちょうせつ》している。

3　水のみなもとになる山の森林を○○○○○○という。

5　人工の○○を建せつして川をせきとめて水をたくわえる。

6　○○○○には，さいがいをふせいだり，動物のすみかになったり，水をたくわえたりなどのはたらきがある。

7　水源林《すいげんりん》をボランティアで手入れするなど，水源林《すいげんりん》を○○○人々がいる。

キーワード

A	B		C	D	E	F		G	H	I	J
		な					よ				

【たてのかぎ】　1 みどりのだむ（緑のダム）　2 あまみず（雨水）　3 すぽんじ（スポンジ）　4 こうずい（洪水）
【よこのかぎ】　1 みず（水）　3 すいげんりん（水源林）　5 だむ（ダム）　6 しんりん（森林）　7 まもる（守る）
【キーワード】　みんなのあいじょうだもん（みんなの愛情だもん）

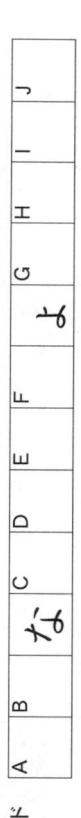

4年生編＜水道＞

17 下水のゆくえクロスワード

名前（　　　　　　　　　　　　）

【たてのかぎ】

1　よごれた水のことを「上水《じょうすい》」に対《たい》して「○○○」という。

2　よごれた水は○○○○○を通って【たて３】に集められる。

3　よごれた水をしょ理するしせつを○○○○○○○○○○という。

4　【たて３】のしせつではごみや○○を細かくして下にしずめる。

【よこのかぎ】

5　【たて３】のしせつでは最後に水を○○○○○して川に流している。

6　川から海へ流れた水は○○○○○して雲となり，また，雨になって地上に落ちてくる。

7　下水しょ理された水を公園のせせらぎや水《すい》せんトイレの水などに○○○○○しているところもある。

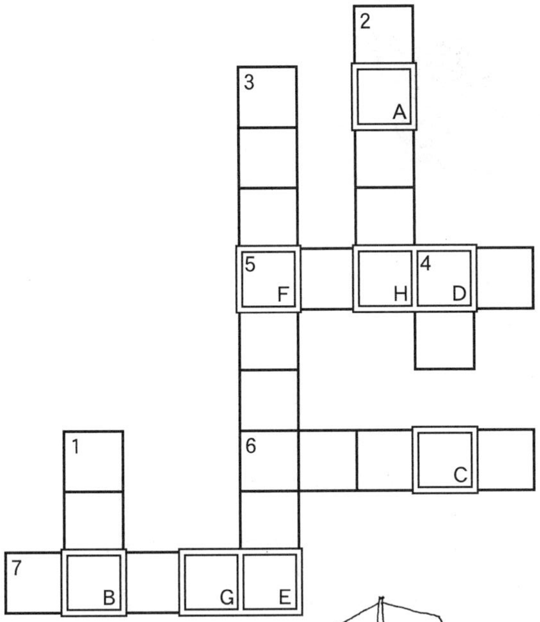

キーワード

お	A	B	C	D	E	F	G	H

【たてのかぎ】　1 げすい（下水）　2 げすいどう（下水道）　3 げすいしょりじょう（下水処理場）　4 どろ（泥）
【よこのかぎ】　5 しょうどく（消毒）　6 じょうはつ（蒸発）　7 さいりよう（再利用）
【キーワード】　おすいはどうしよう（汚水はどうしよう）

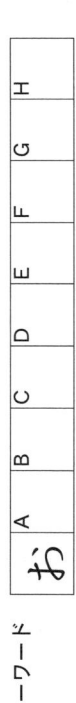

5年生編＜食料生産＞

18 米づくりクロスワード

名前（　　　　　　　　　　）

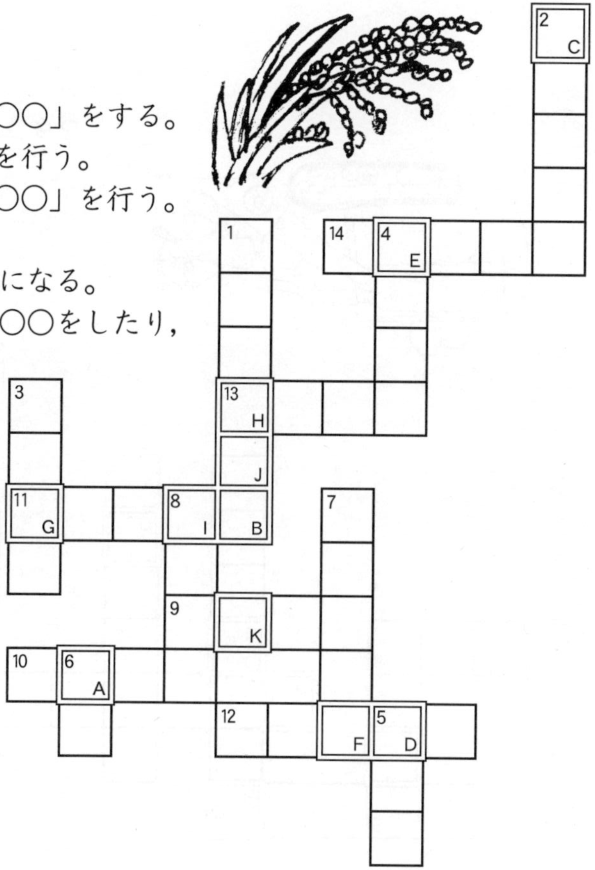

【たてのかぎ】

1　お米の生産量《せいさんりょう》が多い都道府県《とどうふけん》は北海道や○○○○○○である。

2　お米作りの手順①－３月から４月にかけて田に植《う》える苗《なえ》を作る「○○○○○」をする。

3　お米作りの手順②－４月から５月ごろ田の土をほりおこす「○○○○」を行う。

4　お米作りの手順③－４月から５月ごろ田に水を入れてかきまわす「○○○○」を行う。

5　お米作りの手順④－５月ごろ田に苗《なえ》を植える「○○○」を行う。

6　お米作りの手順⑤－６月から９月くらいにかけて田の○○の管理《かんり》が必要になる。

7　お米作りの手順⑥－６月から８月くらいにかけて稲《いね》の様子をみて○○○○○をしたり，農薬をまいたりする。

8　お米作りの手順⑦－９月から10月にかけて「○○○○」をし，収穫《しゅうかく》する。

【よこのかぎ】

9　お米作りの手順⑧－収穫《しゅうかく》したお米を○○○○させる。

10　お米作りの手順⑨－稲のモミ（表皮）をとる「○○○○」をして，出荷《しゅっか》される。

11　稲かりに使う機械を○○○○○という。

12　田おこしやしろかきに使う機械を○○○○○という。

13　田植えに使う機械を○○○○という。

14　日本で最《もっと》もたくさん作られているお米の品種《ひんしゅ》は○○○○○である。

キーワード

A	B	C	D		E	F	G		H	I	J	K
				の				め				

【たてのかぎ】 1 にいがたけん（新潟県） 2 なえづくり（苗作り） 3 たおこし（田おこし） 4 しろかき 5 たうえ（田植え） 6 みず（水） 7 しょうどく（消毒） 8 いねかり（稲刈り）
【よこのかぎ】 9 かんそう（乾燥） 10 もみすり 11 こんばいん（コンバイン） 12 とらくたあ（トラクター） 13 たうえき（田植え機） 14 こしひかり（コシヒカリ）
【キーワード】 みんなたのしくこめたいけん（みんな楽しく米体験）

5年生編＜食料生産＞

19 土地改良と機械化クロスワード

名前（　　　　　　　　　　　）

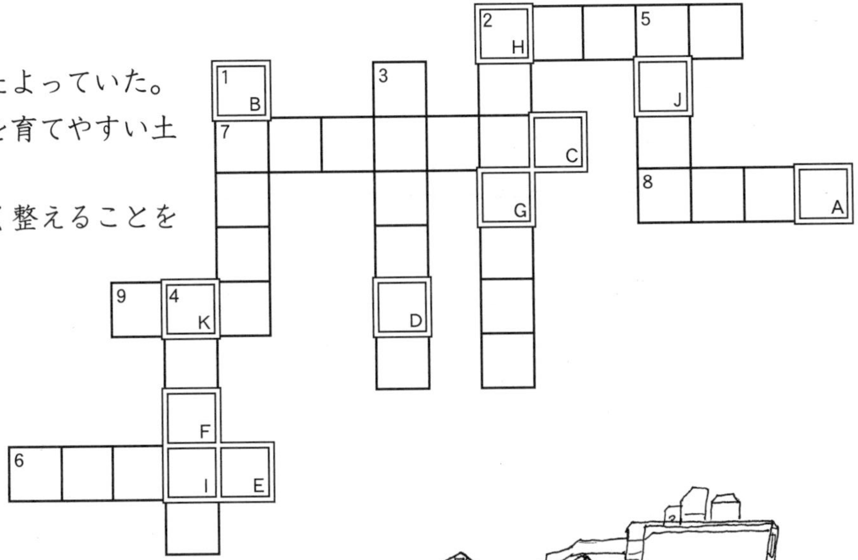

【たてのかぎ】

1　昔の米づくりは，田植えも稲かりも○○○○○にたよっていた。

2　田の形を改良《かいりょう》したり，用水路《ようすいろ》を作ったりして，稲を育てやすい土地にすることを○○○○○○○○という。

3　機械による農作業《のうさぎょう》をしやすいように田の形を大きく整えることを○○○○○○という。

4　川の水を引くための道を○○○○○という。

5　田植えのための機械を○○○○という。

【よこのかぎ】

2　田おこしのための機械を○○○○○という。

6　稲かりするための機械を○○○○○という。

7　農業に機械が取り入れられたことで○○○○○○○○が短くなり，能率《のうりつ》が上がった。

8　農業に機械を取り入れることを農業の○○○○という。

9　機械はねだんが高く，燃料代《ねんりょうだい》や買いかえにも○○○がかかることが悩《なや》みである。

キーワード「A　、B　、C　D　E　F　G　」　H　I　J　K

【たてのかぎ】 1 てさぎょう（手作業） 2 とちかいりょう（土地改良） 3 こうちせいり（耕地整理） 4 ようすいろ（用水路） 5 たうえき（田植え機）
【よこのかぎ】 2 とらくたあ（トラクター） 6 こんばいん（コンバイン） 7 さぎょうじかん（作業時間） 8 きかいか（機械化） 9 ひよう（費用）
【キーワード】「がでんいんすい」というよ（「我田引水」と言うよ）

5年生編＜食料生産＞

20 品種改良と化学肥料・農薬クロスワード

名前（　　　　　　　　　　　　）

【たてのかぎ】

1　稲を別の品種《ひんしゅ》とかけ合わせて，病気に強く，味もよいお米にすることを○○○○○○○○○○という。

2　【たて1】を行うところを○○○○○○○○○○○○という。

3　1944年に新潟で生まれた○○○○○は今では生産量《せいさんりょう》第一位の米である。

【よこのかぎ】

2　○○○○は病気や害虫《がいちゅう》から稲を守り，雑草《ざっそう》を生えにくくする。しかし，使いすぎると人の健康に害《がい》が出る心配がある。

4　○○○○○○○は稲の成長をよくする。しかし，使いすぎると土がかたくなったり，稲がのびすぎてたおれやすくなったりする。

5　農薬の代わりに，田に放《はな》たれた「あいがも」が雑草や稲の害虫を食べ，ふんが肥料《ひりょう》になる○○○○○○○○○を行う農家もある。

6　化学肥料《かがくひりょう》や農薬にたよらない○○○○○○○○の米づくりを進めている農家もある。

7　コシヒカリは○○○○○○という病気に弱い。この病気にかかると稲がかれたり実らなくなる。

キーワード

だ	A	す	B	C	D	E	F	G	H	I

【たてのかぎ】　1 ひんしゅかいりょう（品種改良）　2 のうぎょうしけんじょう（農業試験場）　3 こしひかり（コシヒカリ）
【よこのかぎ】　2 のうやく（農薬）　4 かがくひりょう（化学肥料）　5 あいがものうほう（あいがも農法）　6 ゆうきさいばい（有機栽培）　7 いもちびょう（いもち病）
【キーワード】　だいすきあんしんのうか（大好き安心農家）

5年生編＜食料生産＞

21 稲作農家の悩《なや》みクロスワード

名前（　　　　　　　　　　）

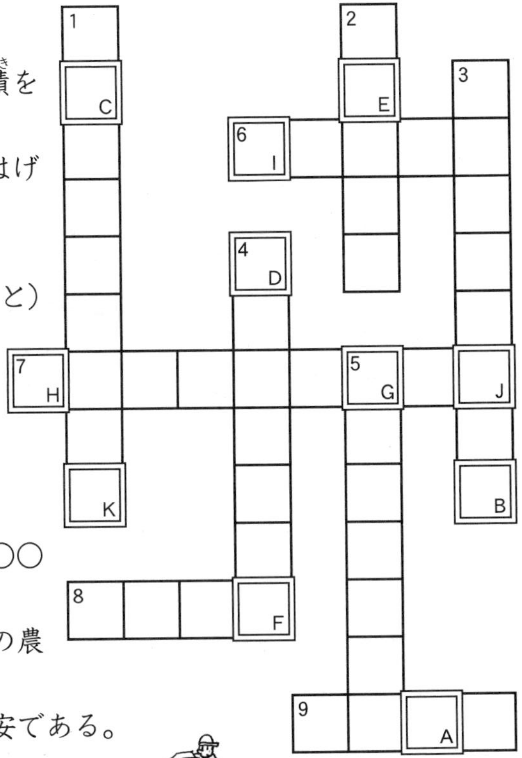

【たてのかぎ】

1　1966年ころから日本で生産されるお米が余《あま》るようになり，国では稲の作付面積《さくつけめんせき》をへらし，他の作物《さくもつ》を作るようにした。このことを○○○○○○○○○という。

2　1995年ころから米を売ることが自由になり，米の産地《さんち》どうしの○○○○○がはげしくなった。

3　実際《じっさい》に農作物をさいばいした田や畑の面積のことを○○○○○○○○という。

4　お米の○○○○○○○は年々へり続けている。（ヒント…お米を食べる量のこと）

5　農家では○○○○○○○を利用して，ほかの地域《ちいき》の人たちと交流《こうりゅう》しながら農業に関する情報《じょうほう》を集めて役立てている。（ヒント…カタカナ言葉）

【よこのかぎ】

6　農家にとって最高のよろこびは○○○○○の時だそうだ。

7　消費者《しょうひしゃ》に農業のことを知ってもらうために，田植えや稲かりなどの○○○○○○○○○の取り組みをしているところもある。（ヒント…実際に体験してもらう）

8　外国のお米も一定のわりあいで○○○○されている。ねだんが安いので日本の農家にえいきょうをあたえる心配がある。

9　農業にたずさわるわかい人たちがへって，○○○○が不足していることが不安である。

キーワード

A	B		C	D	E	F		G	H	I	J		K
		な					ら					ぱ	

【たてのかぎ】　1　せいさんちょうせい（生産調整）　2　きょうそう（競争）　3　さくつけめんせき（作付面積）　4　しょうひりょう（消費量）　5　いんたあねっと（インターネット）
【よこのかぎ】　6　しゅうかく（収穫）　7　のうぎょうたいけん（農業体験）　8　ゆにゅう（輸入）　9　あとつぎ（後継ぎ）
【キーワード】　つきないしょうらいのしんぱい（つきない将来の心配）

5年生編＜食料生産＞

22 これからの稲作クロスワード

名前（　　　　　　　　　　）

【たてのかぎ】

1　農家では，安全で○○○○お米を食べたいという消費者《しょうひしゃ》の願いにこたえるための工夫をしている。

2　お米の産地《さんち》から直接《ちょくせつ》，消費者へお米を届けるサービスを○○○○○○○○という。

3　お米を安心して食べてもらうための工夫として○○○○○○の名前や顔写真《かおじゃしん》を米ぶくろにのせたりしている。（ヒント…作った人のこと）

4　農薬を使わずに育てたお米を○○○○○米《まい》という。

5　田の区画《くかく》を大きくし，大型の機械を○○○○○で利用することで生産の能率《のうりつ》を上げる工夫をしている農家もある。

（ヒント…一緒《いっしょ》に）

【よこのかぎ】

4　お米をとぐ必要がなく，環境にやさしいお米を○○○○○という。

6　稲作は国民の○○○○○である米を生産する大切な仕事である。

（ヒント…アメリカではパン）

7　化学肥料《かがくひりょう》や農薬にたよらない米作りを○○○○○○○という。

キーワード

A	B	C	D	E	F	G ゛

【たてのかぎ】　1 おいしい　2 さんちちょくそう（産地直送）　3 せいさんしゃ（生産者）　4 むのうやく（無農薬）　5 きょうどう（共同）
【よこのかぎ】　4 むせんまい（無洗米）　6 しゅしょく（主食）　7 ゆうきさいばい（有機栽培）
【キーワード】　うまいしょくじ（うまい食事）

5年生編＜食料生産＞

23 米以外の農産物クロスワード

名前（　　　　　　　　　　）

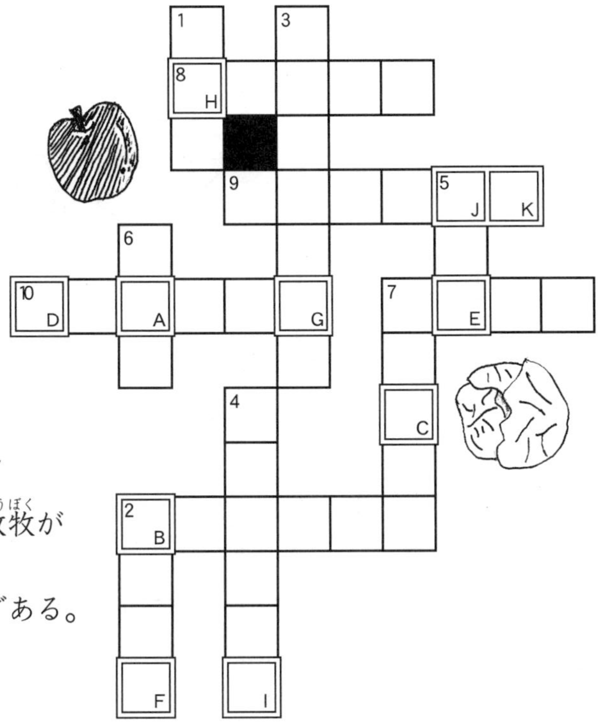

【たてのかぎ】

1　農産物《のうさんぶつ》には米のほかに○○○（キャベツ・トマトなど）がある。

2　農産物《のうさんぶつ》には米のほかに○○○○（りんご・みかんなど）がある。

3　保冷《ほれい》トラックに野菜などの農産物《のうさんぶつ》を積みこみ，○○○○○○○を使って早く遠くまで新せんなうちに届けられるようになった。

4　りんごの生産で有名な県は○○○○○○である。

5　山梨県の盆地《ぼんち》で生産されることで有名な果物《くだもの》は○○○やももである。

6　愛媛《えひめ》県で多く生産されることで有名な果物は○○○である。

7　冬でもあたたかく，日照《にっしょう》時間の多い気候を生かした野菜作りで有名な県は○○○○○である。海岸ぞいにならぶビニールハウスで有名。

【よこのかぎ】

2　○○○○○○の阿蘇《あそ》地方では広い土地を利用して肉牛（食用の牛）の放牧《ほうぼく》がさかんである。

7　長野県や岩手県では夏でもすずしい○○○○でレタスづくりがさかんである。

8　沖縄県の生産で有名な農産物《のうさんぶつ》は○○○○○である。

9　農産物《のうさんぶつ》には米のほかに○○○○○○○（牛・ぶた・鳥など）がある。

10　乳牛《にゅうぎゅう》（牛乳用の牛）の生産で有名なのは○○○○○○である。

キーワード

A	B	C	D	E		F	G	H	I	J	K
					の						

【たてのかぎ】　1 やさい（野菜）　2 くだもの（果物）　3 こうそくどうろ（高速道路）　4 あおもりけん（青森県）　5 ぶどう　6 みかん　7 こうちけん（高知県）
【よこのかぎ】　2 くまもとけん（熊本県）　7 こうげん（高原）　8 さとうきび　9 ちくさんぶつ（畜産物）　10 ほっかいどう（北海道）
【キーワード】　かくちほうののうさんぶつ（各地方の農産物）

24 日本の漁場クロスワード

名前（　　　　　　　　　　）

【たてのかぎ】

1　魚・貝・海そうなどをとったり育てたりする仕事を〇〇〇〇〇〇〇という。

2　青森県で最《もっと》も水あげ量の多い漁港《ぎょこう》は〇〇〇〇港《こう》である。

3　千葉県で最《もっと》も水あげ量の多い漁港《ぎょこう》は〇〇〇〇港《こう》である。

4　北海道の根室港《ねむろこう》では〇〇〇の水あげ量が多い。

5　北海道で最《もっと》も水あげ量の多い漁港《ぎょこう》は〇〇〇港《こう》である。

6　寒流《かんりゅう》の「千島海流《ちしまかいりゅう》」は〇〇〇〇ともよばれている。

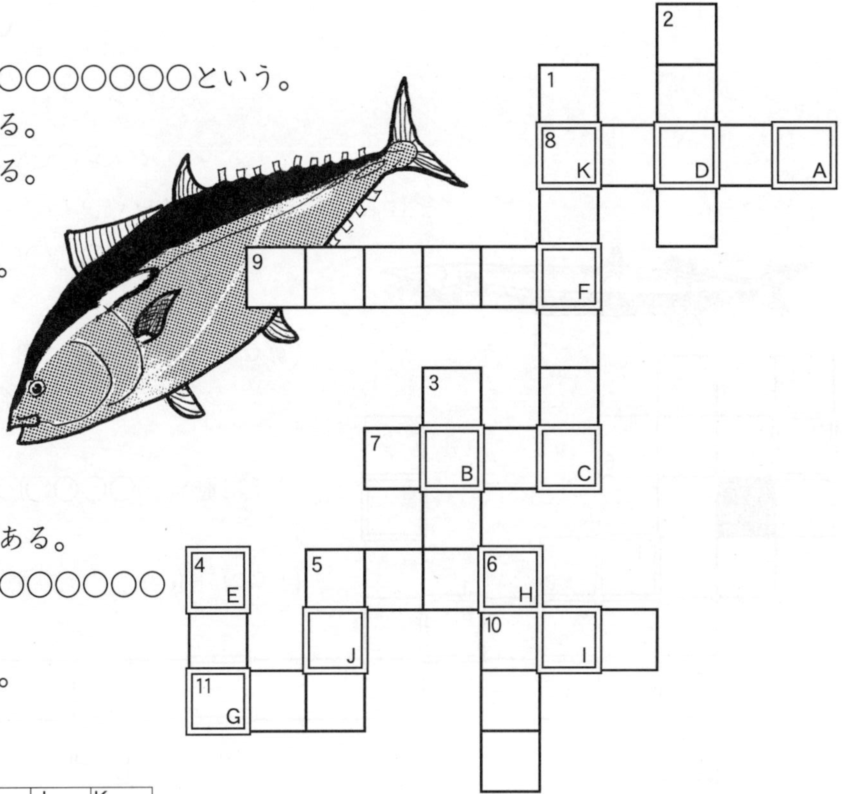

【よこのかぎ】

5　暖流《だんりゅう》の「日本海流《にほんかいりゅう》」は〇〇〇〇ともよばれている。

7　魚を水あげする港《みなと》を〇〇〇〇という。

8　宮城県で最《もっと》も水あげ量の多い漁港《ぎょこう》は〇〇〇〇〇港《こう》である。

9　暖流《だんりゅう》と寒流《かんりゅう》のぶつかりあうところは魚のえさとなる〇〇〇〇〇〇が豊富なため，よい漁場《ぎょじょう》となる。

10　静岡県で最《もっと》も水あげ量の多い漁港《ぎょこう》は〇〇〇港《こう》である。

11　イラストの魚は〇〇〇である。

キーワード

A	B	C	D	E	F	G		H	I	J	K
							は				

【たてのかぎ】　1 すいさんぎょう（水産業）　2 はちのへ（八戸）　3 ちょうし（銚子）　4 さんま　5 くしろ（釧路）　6 おやしお（親潮）

【よこのかぎ】　5 くろしお（黒潮）　7 ぎょこう（漁港）　8 いしのまき（石巻）　9 ぷらんくとん（プランクトン）　10 やいづ（焼津）　11 まぐろ

【キーワード】　きょうのさんまはおいしい（今日のサンマはおいしい）

5年生編<食料生産>

25 漁港の様子クロスワード

名前（　　　　　　　　　　）

【たてのかぎ】

1　船の周《まわ》りに超音波《ちょうおんぱ》を発信《はっしん》して魚の群《む》れをさがす機械《きかい》を○○○という。(ヒント…カタカナ語です。)

2　漁船《ぎょせん》でとった魚は○○○づけにされて漁港《ぎょこう》に運ばれる。(ヒント…冷やすのです。)

3　漁港に運ばれた水産物《すいさんぶつ》は同じ港にある○○○○○へ運ばれ，「せり」にかけられてねだんがつけられる。

4　ねだんがつけられた水産物は同じ港の中にある○○○○○○○○へ運ばれ，箱づめにされて出荷《しゅっか》される。

5　北海道の根室港《ねむろこう》で水あげ量が最も多い魚は○○○である。

（ヒント…イラストの魚）

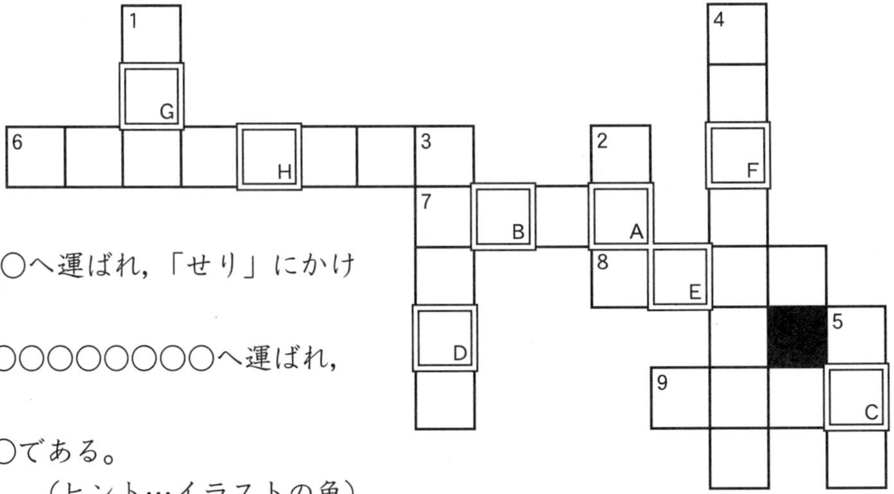

【よこのかぎ】

6　漁船がとってきた魚を漁港に下ろす作業を○○○○○○○○という。

7　根室《ねむろ》は，○○○○（千島海流《ちしまかいりゅう》）が近くの海に流れているのでいろいろな水産物がとれる。

8　魚などの水産物をとることを仕事にしている人を○○○○さんという。

9　水産物をとるための船を○○○○という。

キーワード

A	B	は	せ	C	D	E	F	G	の	H

【たてのかぎ】 1 そなあ（ソナー） 2 こおり（氷） 3 うおいちば（魚市場） 4 かこうこうじょう（加工工場） 5 さんま
【よこのかぎ】 6 みずあげさぎょう（水あげ作業） 7 おやしお（親潮） 8 りょうし（漁師） 9 ぎょせん（漁船）
【キーワード】 おやはせんちょうなのさ（親は船長なのさ）

5年生編＜食料生産＞

26 漁業の現状クロスワード

名前（　　　　　　　　　　）

【たてのかぎ】

1　海岸から200海里《かいり》（約370km）のはんいの海で外国の漁船《ぎょせん》がとる魚の種類や量を制限《せいげん》するようになった。この制限で自分の国で漁のできる海を〇〇〇〇〇〇〇〇〇〇〇〇〇〇〇という。

2　〇〇〇〇〇〇〇〇の四島《よんとう》はもともと日本の領土《りょうど》である。ソ連（ロシア）からの返《へん》かんを日本は求め続けている。

3　【たて２】の近くの海では，さけ，たら，ますなどの水産物が豊《ゆた》かだが，日本は自由に漁《りょう》をすることができない。そこで日本はロシアに〇〇〇をはらって漁をしている。

4　【たて２】の四島は択捉島《えとろふとう》，〇〇〇〇〇〇，色丹島《しこたんとう》，歯舞諸島《はぼまいしょとう》である。

5　海岸近くから数十kmくらいまでの海で，日帰りで漁をする漁業を〇〇〇〇漁業という。

【よこのかぎ】

3　海岸から80〜200kmぐらいはなれた海で，数日かけて漁をする漁業を〇〇〇〇漁業という。

5　日本から遠くはなれた太平洋やインド洋などで，数か月〜１年くらいかけて漁をする漁業を〇〇〇〇漁業という。

6　漁場《ぎょじょう》の制限《せいげん》や水産資源《すいさんしげん》の減少《げんしょう》によって，日本の漁業の〇〇〇〇〇〇〇は年々へり続けている。

7　魚，わかめ，貝など，海や川でとれる資源を〇〇〇〇〇〇〇という。

（【よこ６】の問題文に答えが！）

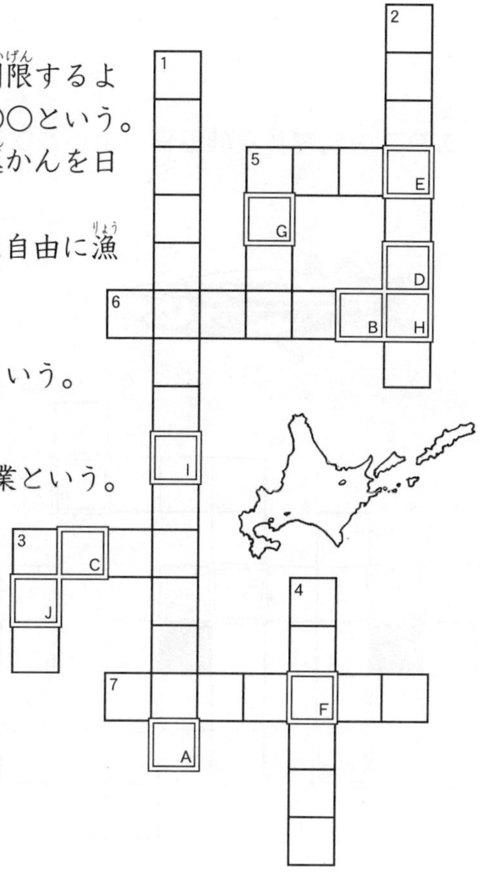

キーワード

A	B	C	D	E	F	G		H		I	J
゛		゛			゛		こ		て		

【たてのかぎ】　1 にひゃくかいりけいざいすいいき（二百海里経済水域）　2 ほっぽうりょうど（北方領土）　3 おかね（お金）　4 くなしりとう（国後島）　5 えんがん（沿岸）
【よこのかぎ】　3 おきあい（沖合）　5 えんよう（遠洋）　6 せいさんりょう（生産量）　7 すいさんしげん（水産資源）
【キーワード】　ぎょぎょうじんこうていか（漁業人口低下）

5年生編＜食料生産＞

27 育てる漁業クロスワード

名前（　　　　　　　　　　　　　　）

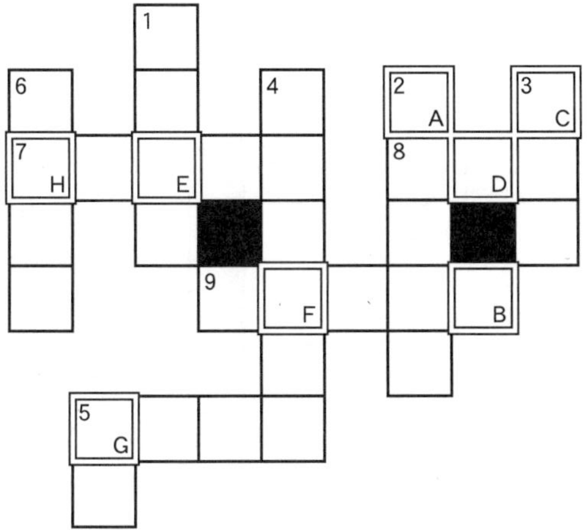

【たてのかぎ】

1　「とる漁業」に対して，養《よう》しょくしたりさいばいしたりする漁業を「○○○○漁業」という。

2　子どもの魚などをしせつで大きくなるまで育てる漁業を○○○○○漁業という。

3　子どもの魚のことを○○○という。

4　【たて1】の漁業は，魚が食べ残したえさによる海のよごれや，病気の発生《はっせい》を防《ふせ》ぐために使う薬の○○○○○○などの問題をかかえている。

5　川でたまごからかえった○○という魚は海に出て4年ぐらいたつと，必《かなら》ず生まれた川にもどってくる習性《しゅうせい》がある。この習性を生かした漁業が【よこ5】である。

6　上流に豊かな森林《しんりん》のある川が流れこむ海では栄養分《えいようぶん》が多く，水産資源《すいさんしげん》によい影《えい》響《きょう》がある。このことから「森は海の○○○○」と言われている。

【よこのかぎ】

5　子どもの魚を海や川などに放《はな》し自然の中で大きく育てる漁業を○○○○漁業という。

7　養《よう》しょくわかめの生産量《せいさんりょう》が日本一の都道府県《とどうふけん》は○○○○○である。

8　静岡県の浜名湖《はまなこ》で養しょくされることで有名な魚は○○○である。

9　これからの水産業は，水産資源《すいさんしげん》やその生育《せいいく》する自然○○○○○を守りながら安全で質《しつ》のよい水産物《すいさんぶつ》を計画的にとっていくことが大切である。

キーワード

A	B	C	D	E	F	G	H

【たてのかぎ】　1 そだてる（育てる）　2 ようしょく（養殖）　3 ちぎょ（稚魚）　4 あんぜんせい（安全性）　5 さけ（鮭）　6 こいびと（恋人）
【よこのかぎ】　5 さいばい（栽培）　7 いわてけん（岩手県）　8 うなぎ　9 かんきょう（環境）
【キーワード】　ようちなてんさい（幼稚な天才）

5年生編＜食料生産＞

28 これからの食料生産クロスワード

名前（　　　　　　　　　　）

【たてのかぎ】

1　日本の食料《しょくりょう》の外国からの○○○○額《がく》は増《ふ》え続けている。

2　日本の昔からの食料である，みそ，しょうゆ，とうふの原料《げんりょう》となる○○○は大部分《だいぶぶん》を輸入《ゆにゅう》にたよっている。

3　日本ですべて自給《じきゅう》できる○○も輸入されている。（日本人の主食《しゅしょく》）

4　食料の輸入が増えた理由－○○○○技術《ぎじゅつ》が進歩《しんぽ》したことで食料の新《しん》せんさを保《たも》てるようになった。

5　インスタント食品や冷《れい》とう食品などの○○○○○○○○が広まっている。便利だが栄養《えいよう》のかたよりや原材料《げんざいりょう》について注意が必要である。

【よこのかぎ】

3　食料の輸入が増えた理由－○○○○の発達《はったつ》により食料をはやく運べるようになった。

6　食料の輸入が増えた理由－外国産《がいこくさん》の食料の○○○が安い。

7　日本が最《もっと》も輸入している食料は○○○○○○（魚や貝類《かいるい》）である。

8　国内で消費《しょうひ》する食料の量を100とした場合の国内で生産されている量のわりあいを○○○○○○という。

キーワード

A	B	C ゛	D	E		F	G	H		I	J	K	L
					の				せ				

【たてのかぎ】　1 ゆにゅう（輸入）　2 だいず（大豆）　3 こめ（米）　4 れいとう（冷とう）　5 かこうしょくひん（加工食品）

【よこのかぎ】　3 こうつう（交通）　6 ねだん（値段）　7 ぎょかいるい（魚介類）　8 じきゅうりつ（自給率）

【キーワード】　これがゆめのしょくせいかつだ（これが夢の食生活だ）

5年生編＜工業生産＞

29 自動車ができるまでクロスワード

名前（　　　　　　　　　　）

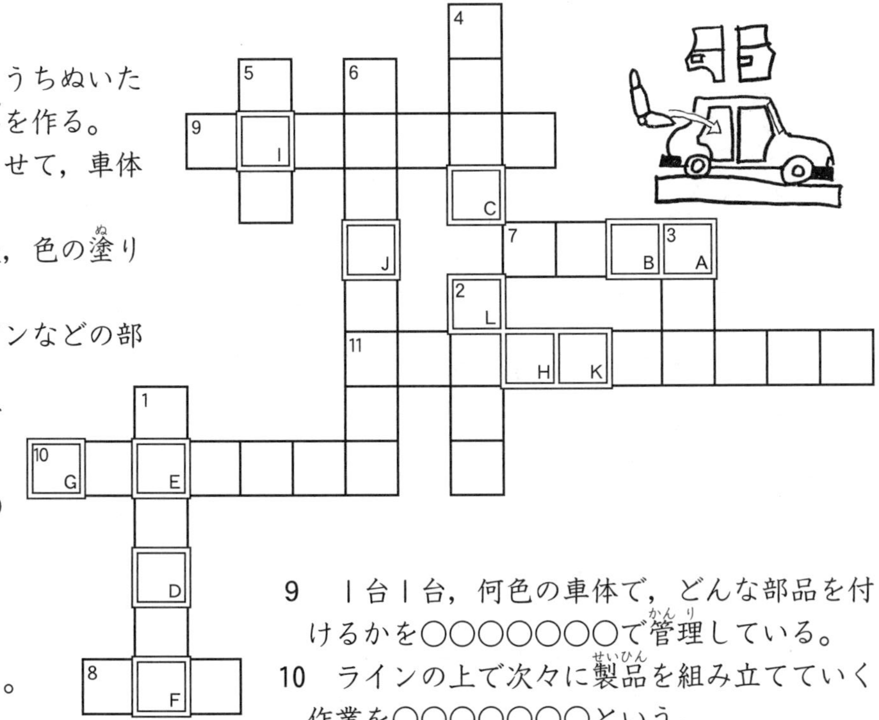

【たてのかぎ】

1　自動車ができるまで①ー〇〇〇〇〇〇で鉄の板をうちぬいたり曲《ま》げたりして車体《しゃたい》のドアやボンネットなどの部品《ぶひん》を作る。

2　自動車ができるまで②ー車体の部品をつなぎ合わせて，車体の形に仕《し》上《あ》げる。これを〇〇〇〇という。

3　自動車ができるまで③ー車体をきれいに洗《あら》った後，色の塗《ぬ》り付《つ》けを３回繰《く》り返《かえ》す。〇〇〇という。

4　自動車ができるまで④ー車体にメーターやエンジンなどの部品を取り付ける作業を〇〇〇〇という。

5　自動車ができるまで⑤ー組み立て終わった車のブレーキや水もれなどについてきびしく〇〇〇する。

6　自動車ができるまで⑥ー完成《かんせい》した自動車は〇〇〇〇〇〇〇〇へ運ばれる。

【よこのかぎ】

7　危険《きけん》なようせつや組み立ては〇〇〇〇が活躍《かつやく》する。

8　車の組み立てをする一つの流れを〇〇〇という。

9　１台１台，何色の車体で，どんな部品を付けるかを〇〇〇〇〇〇〇で管理《かんり》している。

10　ラインの上で次々に製品《せいひん》を組み立てていく作業を〇〇〇〇〇〇〇という。

11　自動車を組み立てる工場を〇〇〇〇〇〇〇〇〇〇という。工場はとても広い。

キーワード

A	B	C		D	E	F	G	H	I	J	K	L
			も									

【たてのかぎ】　1 ぷれすきかい（プレス機械）　2 ようせつ（溶接）　3 とそう（塗装）　4 くみたて（組み立て）　5 けんさ（検査）　6 ちゅうしゃじょう（駐車場）

【よこのかぎ】　7 ろぼっと（ロボット）　8 らいん（ライン）　9 こんぴゅうたあ（コンピューター）　10 ながれさぎょう（流れ作業）　11 じどうしゃこうじょう（自動車工場）

【キーワード】　とってもきれいなしんしゃよ（とってもきれいな新車よ）

5年生編＜工業生産＞

30 環境にやさしい工場クロスワード

名前（　　　　　　　　　　　）

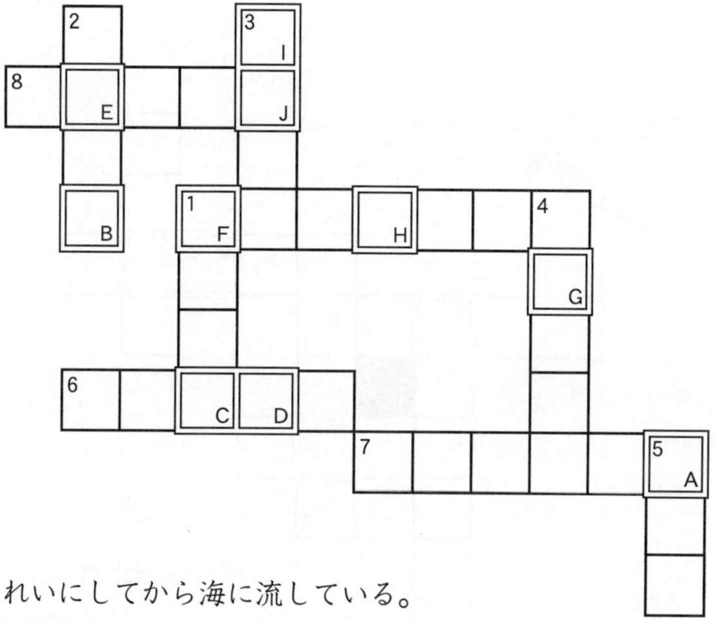

【たてのかぎ】

1　自動車工場では人々が○○○○やすい環境《かんきょう》を整《ととの》える努力をしている。

2　ロボットは工場で働く人たちの○○○○や健康を考えた工夫の例である。

3　工場で働く人たちの真《ま》夜《よ》中《なか》の仕事を少なくするために朝からと夕方からのきんむを○○○○で行っている。

4　工場から出た金属《きんぞく》のくずは部品《ぶひん》に再利用《さいりよう》するなど，○○○○○に取り組んでいる。

5　工場のしき地や周《まわ》りには木などの○○○が多く植《う》えられ，きれいに整備《せいび》されている。

【よこのかぎ】

1　工場から出る排水《はいすい》（よごれた水）は，○○○○○○○されてきれいにしてから海に流している。

6　自動車工場からは「とそうのカス」や「よごれた水」などの○○○○○がたくさん出る。（ヒント…ゴミのこと）

7　ゴミをへらすために，紙などの○○○○○○は燃《も》やしてしょりしている。（ヒント…ゴミの種類《しゅるい》）

8　工場では○○○○○や資源《しげん》を大切にするという考えにもとづいて自動車を作っている。

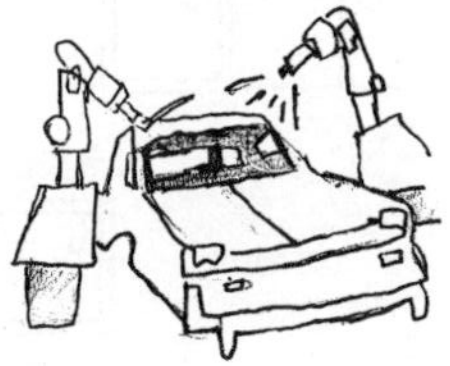

キーワード

A	B		C	D	E	F	G	H	I	J
		な								

【たてのかぎ】　1 はたらき（働き）　2 あんぜん（安全）　3 こうたい（交代）　4 りさいくる（リサイクル）　5 みどり（緑）
【よこのかぎ】　1 はいすいしょり（排水処理）　6 はいきぶつ（廃棄物）　7 もやせるごみ（燃やせるゴミ）　8 かんきょう（環境）
【キーワード】　みんなきぶんはさいこう（みんな気分は最高）

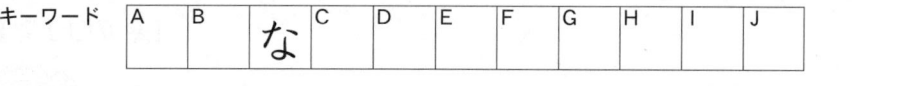

5年生編＜工業生産＞

31 関連工場クロスワード

名前（　　　　　　　　　　　）

【たてのかぎ】

1　自動車を組み立てるための部品は多くの○○○○○○○○○で作られ，自動車工場に運ばれてくる。

2　組み立て工場へ直接《ちょくせつ》部品を運ぶ関連工場を○○○○○関連工場《かんれんこうじょう》とよぶ。

3　シートの布のように○○○○の工場で作られた部品も使われている。

（ヒント…日本以外の国）

【よこのかぎ】

4　【たて２】の関連工場へ部品を運ぶ工場を○○○○関連工場とよぶ。

5　【よこ４】の関連工場に部品を運ぶ工場を○○○○○関連工場とよぶ。

6　関連工場からは組み立てに必要《ひつよう》な部品を必要な○○○までにラインに送りとどけてもらわなくてはならない。

7　シート工場などの関連工場でもラインの上で次々に製品《せいひん》を組み立てていく○○○○○○○が行われている。

8　関連工場では自動車工場からの○○○○○に合わせて部品を作っている。

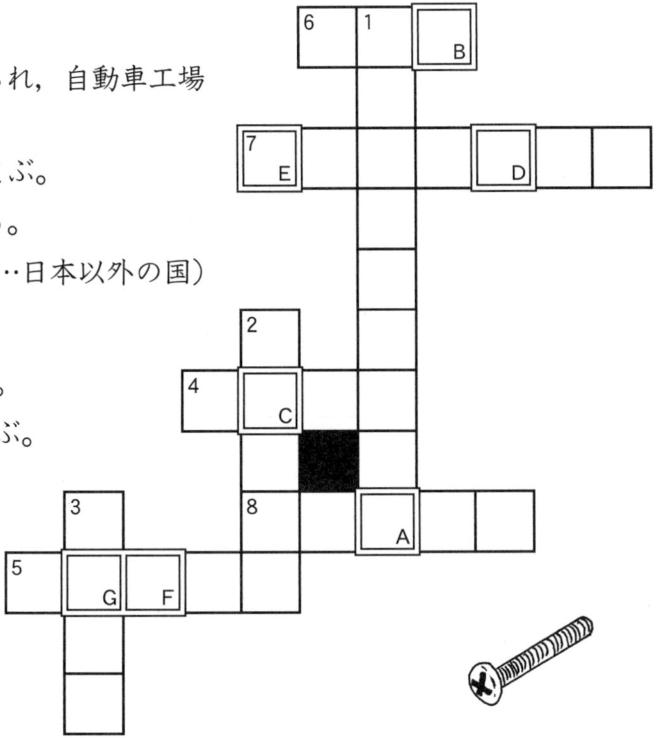

キーワード

A	B	と	C	そ	D	E	F	G

【たてのかぎ】　１ かんれんこうじょう（関連工場）　２ だいいちじ（第一次）　３ がいこく（外国）
【よこのかぎ】　４ だいにじ（第二次）　５ だいさんじ（第三次）　６ じかん（時間）　７ ながれさぎょう（流れ作業）　８ ちゅうもん（注文）
【キーワード】　うんといそぎなさい（うんと急ぎなさい）

5年生編<工業生産>

32 自動車の輸送クロスワード

名前（　　　　　　　　）

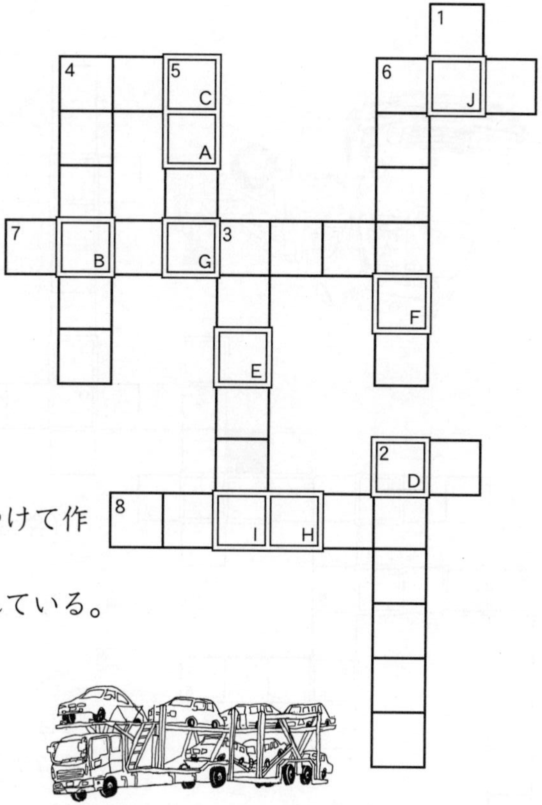

【たてのかぎ】

1　自動車工場から遠い地域《ちいき》へ運ぶ自動車は，港から専用《せんよう》の○○で運ぶ。

2　船で各地の港へ運ばれた自動車は，そこから○○○○○○（トレーラー）で運ばれる。

3　物や人を輸送《ゆそう》するために全国を結んでいる鉄道《てつどう》や航空路《こうくうろ》，高速道路《こうそくどうろ》などを○○○○○○という。

4　日本の鉄道で最も高速なのが○○○○○○である。

5　東京から静岡《しずおか》を通って名古屋《なごや》まで続いているのは○○○○高速道路である。

6　自動車工場から輸送されてきた自動車は最後に○○○○○○に運ばれ，販《はん》売《ばい》される。

【よこのかぎ】

2　自動車を船に積《つ》み込《こ》む仕事をしている人は車に○○をつけないように気をつけて作業している。

4　船に積み込まれた自動車一台一台には，きずやよごれを防ぐ○○○がはられている。

6　東京には○○○空港《くうこう》がある。

7　大阪には○○○○○○○○空港がある。

8　販売店《はんばいてん》で自動車を輸送したキャリアカーは○○○○○○などを積《つ》んで帰る。

キーワード

A	B	C	D		E		F	G	H	I	J
				を		け					

【たてのかぎ】　1 ふね（船）　2 きゃりあかあ（キャリアカー）　3 こうつうもう（交通網）　4 しんかんせん（新幹線）　5 とうめい（東名）　6 はんばいてん（販売店）
【よこのかぎ】　2 きず　4 しいと（シート）　6 はねだ（羽田）　7 かんさいこくさい（関西国際）　8 ちゅうこしゃ（中古車）
【キーワード】　うんときをつけていこうね（うんと気をつけて行こうね）

5年生編<工業生産>

33 これからの自動車作りクロスワード

名前（　　　　　　　　　　）

【たてのかぎ】

1　ガソリンを燃料《ねんりょう》に走る自動車からは地球の○○○○○の原因《げんいん》になる二酸化炭素《にさんかたんそ》が出る。

2　排出《はいしゅつ》ガスが少ない，ガソリンと電気を組み合わせて走る自動車を○○○○○○自動車という。

3　自動車は人が運転しているので残念ながら○○が起こることもある。そこで，安全性を高めるための工夫がされている。

4　自動車に人形を乗せて，車がしょうとつした時の乗っている人へのえいきょうを調べる実験を○○○○○○○○○という。

5　○○○○○○をリサイクルして車の部品にしている。（ヒント…ジュースの容器）

【よこのかぎ】

6　事故の時，運転席から空気の袋《ふくろ》がふくらみ，しょうげきを吸収《きゅうしゅう》するそうちを○○○○○○という。

7　電気で走るので排出《はいしゅつ》ガスが何も出ない，そう音やしん動も少ない自動車を○○○○○○○○という。

8　水素《すいそ》と酸素《さんそ》から電気をつくって走り，水しか排出しない自動車を○○○○○○○○自動車という。

9　お年寄りや障害《しょうがい》のある人にも使いやすい「人に○○○○車」づくりを目指している。

10　取りはずした部品を同じ部品に再生《さいせい》させたりするなど「○○○○○しやすい車」づくりも目指している。

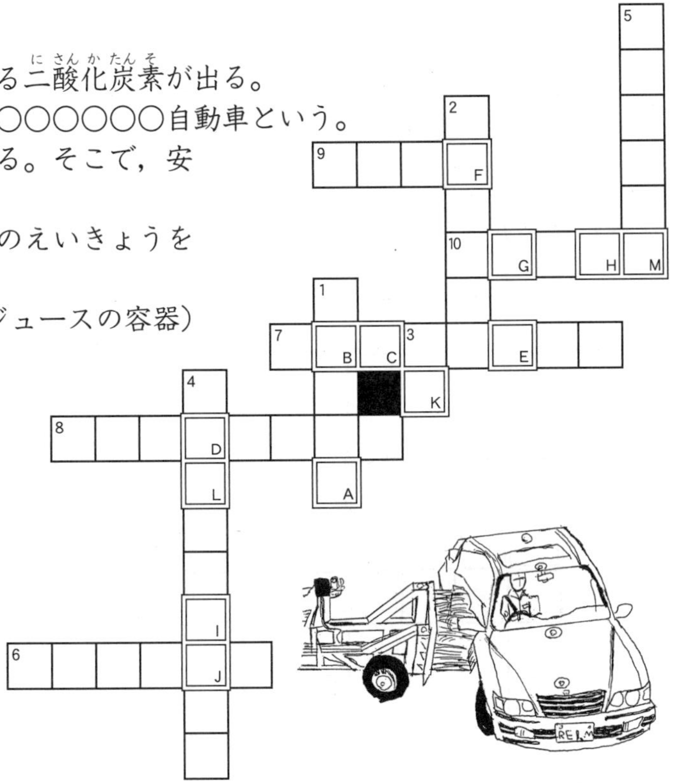

キーワード

A	B	C	D	E		F	G	H	I	J	K	L		M
					た								す	

【たてのかぎ】　1 おんだんか（温暖化）　2 はいぶりっど（ハイブリッド）　3 じこ（事故）　4 しょうとつじっけん（衝突実験）　5 ぺっとぼとる（ペットボトル）
【よこのかぎ】　6 えああばっぐ（エアーバッグ）　7 でんきじどうしゃ（電気自動車）　8 ねんりょうでんち（燃料電池）　9 やさしい　10 りさいくる（リサイクル）
【キーワード】　かんきょうたいさくじっこうする（環境対策実行する）

5年生編＜工業生産＞

34 世界とつながる自動車クロスワード

名前（　　　　　　　　　　）

【たてのかぎ】

1　外国へ輸出する○○○○○は船で輸送《ゆそう》する。

2　日本の自動車の最大の輸出先は○○○○である。

3　日本の自動車は，○○○○がよい，乗りごこちがよいなどの理由で世界の人々にも人気がある。

4　以前，日本から各国へ輸出される自動車が増えすぎたため，つりあいのとれた○○○○をしてほしいという声が各国からあがった。

【よこのかぎ】

5　最近では，世界各国に日本の○○○○○○○○○○をつくり，現地《げんち》で生産することが多くなった。

6　【よこ5】のようになった理由は，その国の人たちが仕事に就《つ》けること，その国の材料や部品を使えるようになること，生産した車をほかの国へ○○○○できるので産業を発展させることができるようになることなどである。

7　外国に作った工場で自動車などを生産することを○○○○○○○○という。

8　世界で最も自動車生産台数《じどうしゃせいさんだいすう》が多い国は○○○○である。日本は第2位である。

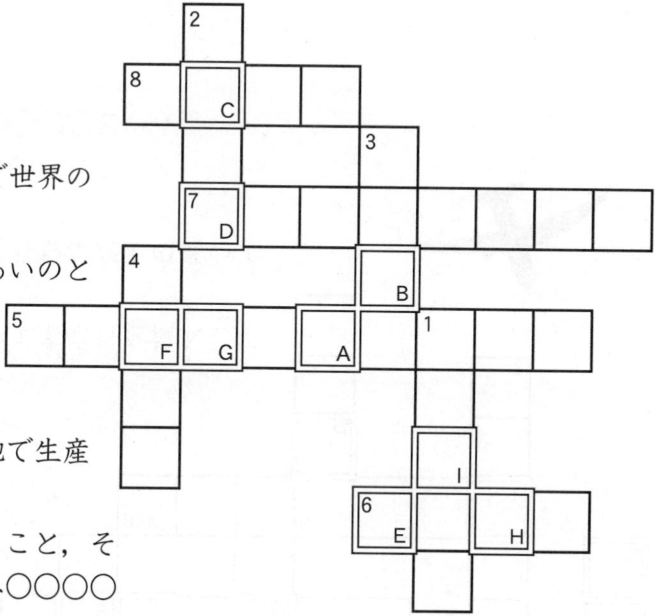

キーワード

A	B	C	D	E	F	G	H	I

【たてのかぎ】　1 じどうしゃ（自動車）　2 あめりか（アメリカ）　3 せいのう（性能）　4 ぼうえき（貿易）
【よこのかぎ】　5 じどうしゃこうじょう（自動車工場）　6 ゆしゅつ（輸出）　7 かいがいせいさん（海外生産）　8 あめりか（アメリカ）
【キーワード】　このめかゆうしゅう（このメカ優秀）

5年生編＜工業生産＞

35 日本の貿易クロスワード

名前（　　　　　　　　　　　　　　）

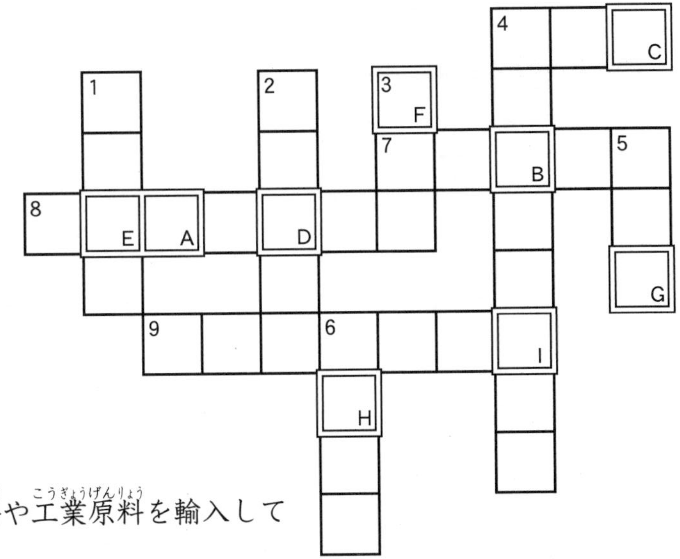

【たてのかぎ】

1　日本の最大《さいだい》の輸《ゆ》出《しゅつ》相《あい》手《て》国《こく》は○○○○である。

2　日本の最大の輸《ゆ》入《にゅう》相《あい》手《て》国《こく》は○○○○○である。

3　日本は外国から原料《げんりょう》を輸入し，それを○○○した機械《きかい》や自動車などの工業製品《こうぎょうせいひん》を輸出している。

4　日本は機械や衣服《いふく》などの工業製品《こうぎょうせいひん》とともに，魚・貝類《るい》を中心とした○○○○○○○○の輸入が増えている。

5　日本は輸出品《ゆしゅつひん》・輸入品《ゆにゅうひん》ともに○○○類《るい》が最も多い。

6　日本は輸出量《ゆしゅつりょう》と輸入量《ゆにゅうりょう》では○○○○量の方が多い。

【よこのかぎ】

4　日本は○○○にめぐまれていないので，石油，鉄鉱石《てっこうせき》などの燃料《ねんりょう》や工業原料《こうぎょうげんりょう》を輸入している。

7　日本の輸出品・輸入品の多くは船で輸送《ゆそう》されているが，新せんな食料やねだんの高い工業製品などの輸送には○○○○○も利用されている。

8　日本で最大の空の貿易港《ぼうえきこう》は○○○○○○○（新東京国際空港《しんとうきょうこくさいくうこう》）である。

9　外国にある日本の工場で生産され，日本へ輸出することを○○○○○○○という。

キーワード

A	B		C	D	E	F	G	H		I
		さ							よ	

【たてのかぎ】　1 あめりか（アメリカ）　2 ちゅうごく（中国）　3 かこう（加工）　4 しょくりょうひん（食料品）　5 きかい（機械）　6 ゆしゅつ（輸出）
【よこのかぎ】　4 しげん（資源）　7 こうくうき（航空機）　8 なりたくうこう（成田空港）　9 ぎゃくゆにゅう（逆輸入）
【キーワード】　たくさんうりかいしよう（たくさん売り買いしよう）

36 日本の工業の特色クロスワード

名前（　　　　　　　　　　　）

【たてのかぎ】

1　工業《こうぎょう》の種類《しゅるい》は大きく，○○○○○○○○○○○と【よこ５】に分けることができる。

2　【たて１】の工業の中で，自動車やパソコンなどの機械《きかい》を作る工業を○○○工業という。

3　【たて１】の工業の中で，薬品《やくひん》，プラスチックなどを作る工業を○○○工業という。

4　工場で作られる製品《せいひん》を○○○○○○○○○という。

【よこのかぎ】

2　【たて１】の工業の中で，はさみや金物《かなもの》などを作る工業を○○○○工業という。

5　工業の種類は大きく，○○○○○○○と【たて１】に分けることができる。

6　【よこ５】の工業の中で，洋服《ようふく》や毛糸《けいと》などを作る工業を○○○工業という。

7　【よこ５】の工業の中で，パンやチーズなどの食料品《しょくりょうひん》を作る工業を○○○○○○○○工業という。

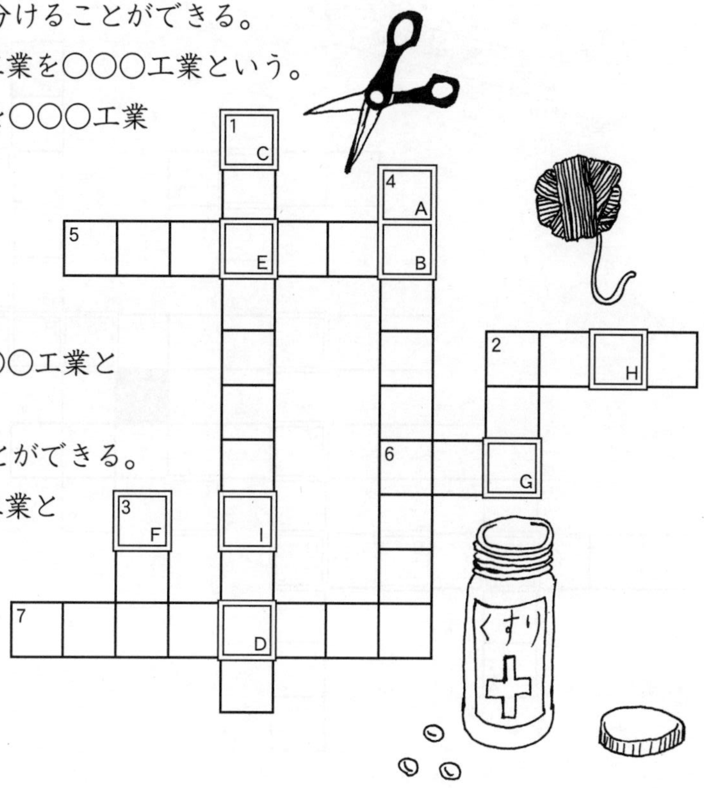

キーワード

A	B	C	D	E	F	G	H	I

【たてのかぎ】　１ じゅうかがくこうぎょう（重化学工業）　２ きかい（機械）　３ かがく（化学）　４ こうぎょうせいひん（工業製品）
【よこのかぎ】　２ きんぞく（金属）　５ けいこうぎょう（軽工業）　６ せんい（繊維）　７ しょくりょうひん（食料品）
【キーワード】　こうじょうかいぞう（工場改造）

5年生編＜工業生産＞

37 工業のさかんな地域クロスワード

名前（　　　　　　　　　　　）

【たてのかぎ】

1　①の工業地帯は○○○○○○工業地帯《こうぎょうちたい》である。（生産額《せいさんがく》１位）

2　②の工業地域は○○○○工業地域《こうぎょうちいき》である。

3　③の工業地帯は○○○○工業地帯である。（生産額２位）

4　④の工業地域は○○○○工業地域である。

5　関東《かんとう》の南部から九州《きゅうしゅう》の北部にかけての○○○○○○に工業地帯や工業地域が広がっている。

6　新しい工業地域やＩＣ《アイシー》を作る工場は海からはなれた○○○○にも広がってきている。

【よこのかぎ】

5　⑤の工業地域は○○○○○○○○○工業地域である。

7　⑥の工業地帯は○○○○○○○○○工業地帯である。

8　⑦の工業地域は○○○○工業地域である。

9　⑧の工業地帯は○○○○工業地帯である。

10　⑨の工業地域は○○○○工業地域である。

11　日本の工業地帯や工業地域は一つの帯《おび》（ベルト）のように連《つら》なっていることから○○○○○○○○○○とよばれている。

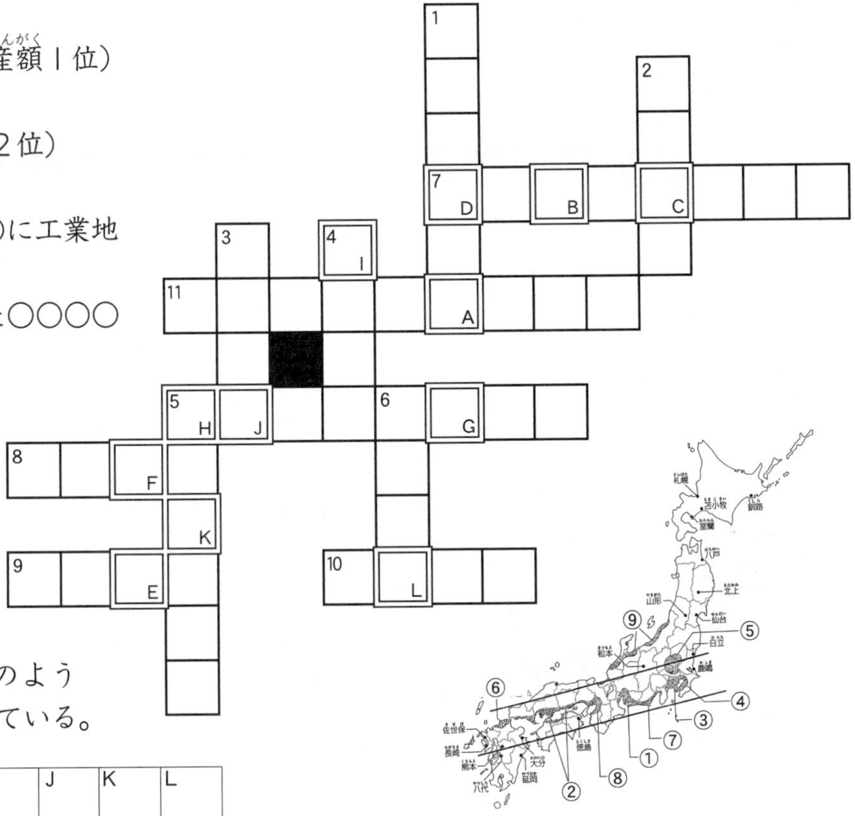

キーワード

A	B	C	D	E		F	G	H	I	J	K	L
					や							

【たてのかぎ】　1 ちゅうきょう（中京）　2 せとうち（瀬戸内）　3 けいひん（京浜）　4 けいよう（京葉）　5 かいがんぞい（海岸沿い）　6 ないりく（内陸）

【よこのかぎ】　5 かんとうないりく（関東内陸）　7 きたきゅうしゅう（北九州）　8 とうかい（東海）　9 はんしん（阪神）　10 ほくりく（北陸）　11 たいへいようべると（太平洋ベルト）

【キーワード】　うきうきしゃかいかけんがく（うきうき社会科見学）

5年生編＜工業生産＞

38 中小工場クロスワード

名前（　　　　　　　　　　）

【たてのかぎ】

1　工場の規《き》模《ぼ》で工場を大きく２つに分けると，**【たて２】**と○○○○○○○○○○○とに分けられる。

2　工場の規模で工場を大きく２つに分けると，○○○○○○○と**【たて１】**とに分けられる。

3　**【たて１】**の中には，すぐれた○○○○をもち，**【たて２】**では作れない製品《せいひん》や，世界にほこれる製品を生産《せいさん》しているところもある。

4　まちの中にある中小工場《ちゅうしょうこうじょう》を○○○○○ともいう。小さな工場から世界にほこれる製品作りをしているところもある。

5　中小工場の悩《なや》み①一人《ひと》出《で》のかかる製品を生産しているところが多いため，一人当たりの○○○○○○が低い。

【よこのかぎ】

6　中小工場の悩み②一人出のかかる製品を生産しているところが多いため，働く○○○が長い。

7　大工場《だいこうじょう》では，機《き》械《かい》・化《か》学《がく》・金属《きんぞく》などの○○○○○○○○○○○の生産額《せいさんがく》が多い。

8　中小工場では，大工場に比《くら》べ，せんい・食料品《しょくりょうひん》などの○○○○○○○の生産額のわりあいが多い。

9　大工場も中小工場も○○○○○○○○の生産額が一番多い。

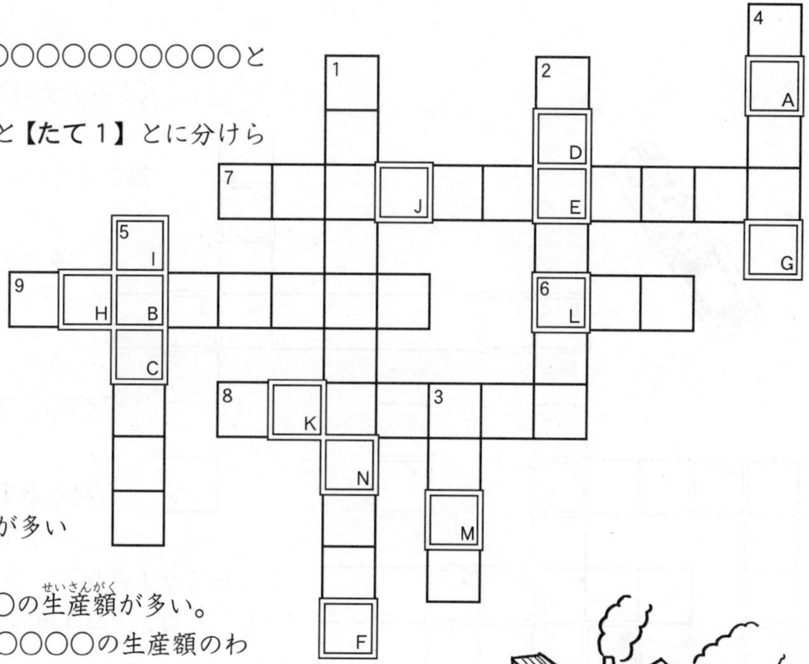

キーワード

A	B	C	D	E	F	G	H		I	J	K	L	M	N	
								ら							へ

【たてのかぎ】　1 ちゅうしょうこうじょう（中小工場）　2 だいこうじょう（大工場）　3 ぎじゅつ（技術）　4 まちこうば（まち工場）　5 せいさんがく（生産額）
【よこのかぎ】　6 じかん（時間）　7 じゅうかがくこうぎょう（重化学工業）　8 けいこうぎょう（軽工業）　9 きかいこうぎょう（機械工業）
【キーワード】　ちいさいこうばからせかいじゅうへ（小さい工場から世界中へ）

39 これからの工業生産クロスワード

名前（　　　　　　　　　　　）

【たてのかぎ】

1　○○○○はワープロにとってかわって生産台数《せいさんだいすう》が増加《ぞうか》している。

2　日本の工業は世界でも有数《ゆうすう》の○○○○の高さをほこる。

3　今の工業製品にとって，ＩＣ《アイシー》やＬＳＩ《エルエスアイ》などの○○○○○○はなくてはならないものである。

4　日本の工業資源《こうぎょうしげん》はほとんど○○○○にたよっているので有効《ゆうこう》に利用しなくてはならない。

5　働《はたら》く○○○○の数は年々増えているが，男性《だんせい》に比べて賃金《ちんぎん》が低い，希望する仕事につきにくい，出産《しゅっさん》や育児《いくじ》のために仕事を続けにくいなどの問題がある。

6　物の使い捨てをやめ，初めから○○○○○することを考えた生産を行うべきだ。（ヒント・・・「リサイクル」ともいう。）

7　お年寄りや障害《しょうがい》のある人でも使いやすくするために工業製品《こうぎょうせいひん》も○○○○○○にすべきだ。

【よこのかぎ】

8　○○○○○○○は電話機《でんわき》にとってかわって生産台数《せいさんだいすう》が増加《ぞうか》している。

9　工業によって生産《せいさん》される製品《せいひん》を○○○○○○○○○という。

10　○○○○○のある人が働きたいと思っても，設備《せつび》が整《ととの》っていないなどの理由で，なかなか仕事につけない問題もある。

（ヒント…【たて７】の問題文に答えが！）

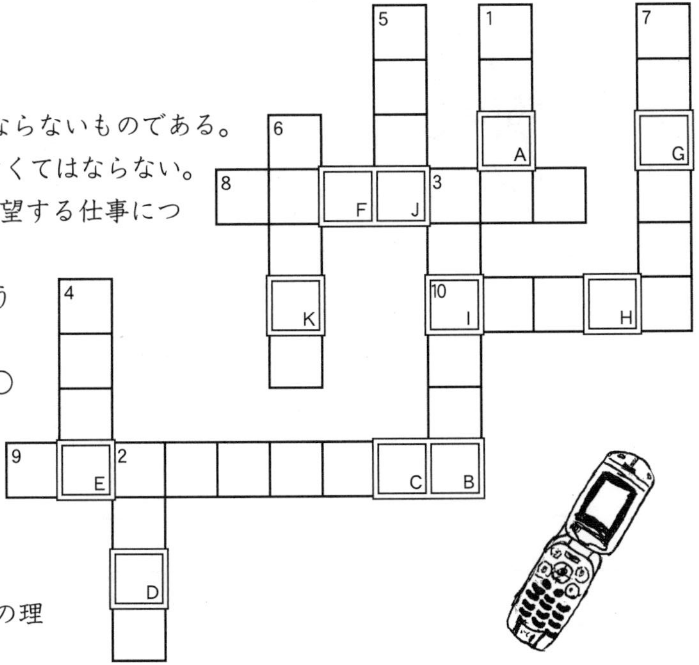

キーワード

A	B	C 。	D	E	F	G	H	ほ	I	J	K

【たてのかぎ】　1 ぱそこん（パソコン）　2 ぎじゅつ（技術）　3 でんしぶひん（電子部品）　4 ゆにゅう（輸入）　5 じょせい（女性）　6 さいりよう（再利用）　7 ばりあふりい（バリアフリー）
【よこのかぎ】　8 けいたいでんわ（携帯電話）　9 こうぎょうせいひん（工業製品）　10 しょうがい（障害）
【キーワード】　こんぴゅうたあがほしいよ（コンピューターが欲しいよ）

40 天気予報と情報クロスワード

名前（　　　　　　　　　　　　）

【たてのかぎ】

1　○○○○○○○○から地上に送られた気象情報《きしょうじょうほう》を使って天気の予報をしている。（ヒント…宇宙から）

2　全国にある○○○○の観測所《かんそくじょ》では，降水量《こうすいりょう》や気温などを無人《むじん》で観測している。

3　【たて1】や【たて2】で得られた気象情報は，観測センターを経て，○○○○○○○や各地の気象台《きしょうだい》に送られる。

4　テレビ以外に天気情報《てんきじょうほう》を得《え》る方法①……○○○で聞く。

（ヒント…AMとFM）

5　テレビ以外に天気情報を得る方法②……○○○で聞く。

（ヒント…177）

【よこのかぎ】

6　テレビ以外に天気情報を得る方法③……○○○○で読む。

（ヒント…朝刊《ちょうかん》・夕刊《ゆうかん》）

7　テレビ以外に天気情報を得る方法④……パソコンや携帯電話《けいたいでんわ》などの○○○○○○○で見る。

8　天気予報やニュースなどの○○○○○は人々のくらしに役立つように伝えられている。

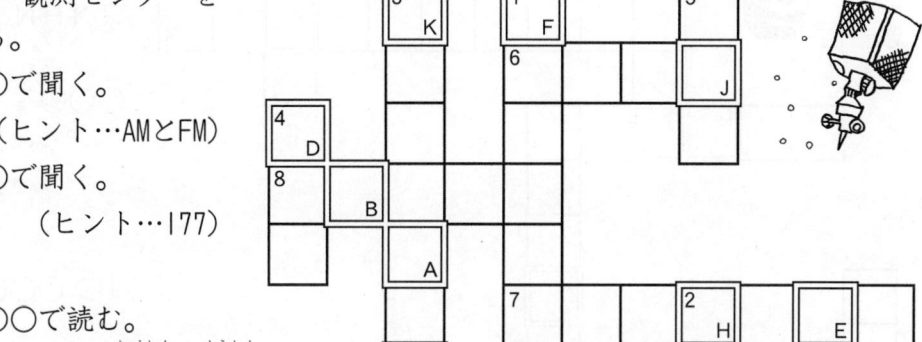

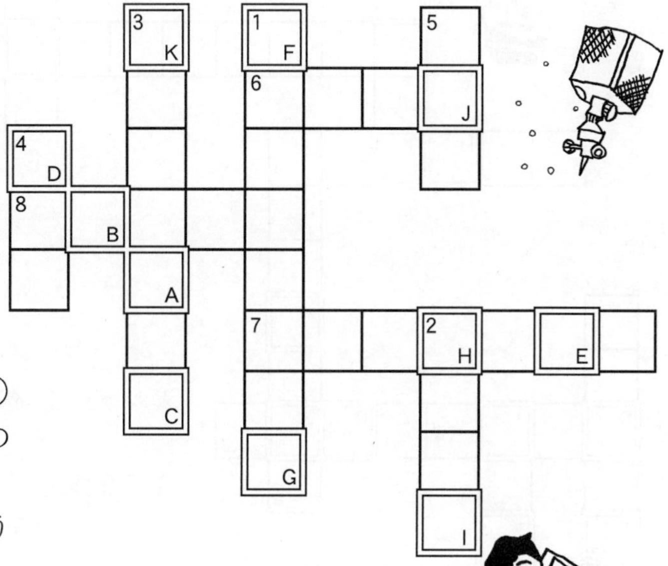

キーワード

A	B	C	D	E	F	G	！	H	I		J	K
										て		

【たてのかぎ】　1 きしょうえいせい（気象衛星）　2 あめだす（アメダス）　3 きしょうちょう（気象庁）　4 らじお（ラジオ）　5 でんわ（電話）
【よこのかぎ】　6 しんぶん（新聞）　7 いんたあねっと（インターネット）　8 じょうほう（情報）
【キーワード】　ちょうらっきい！あすてんき（超ラッキー！明日天気）

5年生編<情報>

41 ニュース番組クロスワード

名前（　　　　　　　　　　　）

【たてのかぎ】

1　記者《きしゃ》は情報《じょうほう》を集めるために人々から話を聞いたり映像《えいぞう》の撮影《さつえい》をしたりする。これを○○○○という。

2　記者が集めた情報を現場から中つぎして放送することを○○○○○という。

3　編集責任者《へんしゅうせきにんしゃ》を中心に，集まった情報から，番組の内容を検討《けんとう》したり，役割分担《やくわりぶんたん》したり，○○○○○をする。（ヒント…話し合うこと）

4　取材したニュースをわかりやすく放送時間内におさまるようにまとめていく作業を○○○○○という。

5　ニュースに合わせて字幕《じまく》や図などを○○○○○○○で作る。

【よこのかぎ】

6　ニュースをテレビで伝える人を○○○○○○という。

7　スタジオでカメラを操作《そうさ》する人を○○○○○という。

8　副調整室《ふくちょうせいしつ》で画面の切りかえなどの指示を出す人を○○○○○○○○○○という。

9　日本のテレビ放送には受信料《じゅしんりょう》で運営されているNHKと広告《こうこく》（CM）の料金で運営されている○○○○○○○○があある。（ヒント…民放《みんぽう》）

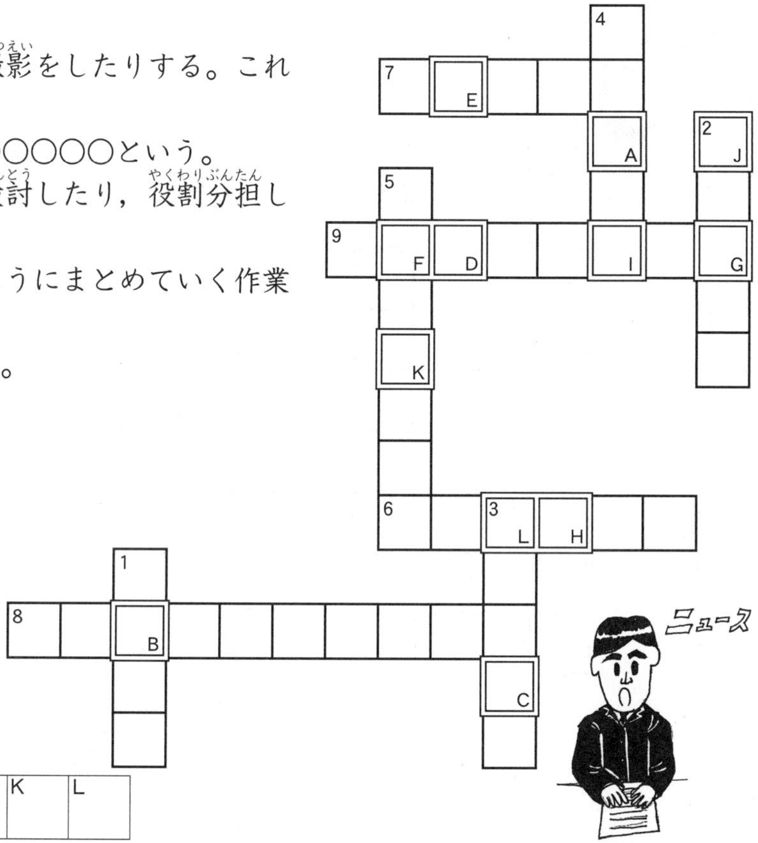

キーワード

A	B	C	D゛	E	F	G	H		I	J	K	L
								よ				

【たてのかぎ】　1 しゅざい（取材）　2 ちゅうけい（中継）　3 うちあわせ（打ち合わせ）　4 へんしゅう（編集）　5 こんぴゅうたあ（コンピューター）
【よこのかぎ】　6　あなうんさあ（アナウンサー）7　かめらまん（カメラマン）　8 ぎじゅつでぃれくたあ（技術ディレクター）　9 みんかんほうそう（民間放送）
【キーワード】　しゅわがめんうんようちゅう（手話画面運用中）

5年生編＜情報＞

42 情報発信マナークロスワード

名前（　　　　　　　　　　）

【たてのかぎ】

1　インターネットの〇〇〇〇〇〇を利用すると，より多くの人たちに情報を伝えることができる。
2　ホームページ発信時《はっしんじ》の注意①…取材先《しゅざいさき》の人やニュースに登場する人の〇〇〇を得《え》てから発信する。
3　ホームページ発信時の注意②…他の人に〇〇〇〇〇〇があるものを無断《むだん》で使ってはいけない。
4　ホームページ発信時の注意③…情報を受ける人が混乱《こんらん》しないように，情報の〇〇〇〇を明らかにする。（ヒント…「しゅっしょ」とも言う。）
5　インターネット利用《りよう》時の注意①…インターネット上でおしゃべりができる〇〇〇〇で悪口を言われたりしたらすぐにそこから出る。
6　インターネット利用時の注意②…インターネットで知り合った人に簡単に会ったりすると〇〇〇〇にまきこまれることもあるので注意する。
7　インターネット利用時の注意③…知らない人からきたメールやファイルは〇〇〇〇に感染することもあるのでぜったいに開いてはいけない。

【よこのかぎ】

6　インターネット利用時の注意④…インターネットの情報がすべて正しいわけではない。その情報が正しいものかどうか自分で〇〇〇〇できることが大切だ。
8　インターネット利用時の注意⑤…自分の〇〇〇〇〇は簡単に教えないようにする。
9　インターネット利用時の注意⑥…インターネットの〇〇〇〇〇（メッセージボード）に悪口などを書きこんではいけない。
10　ホームページ発信時の注意④…個人の名前やれんらく先などの〇〇〇〇〇〇〇〇をのせないようにする。
11　身のまわりには様々な情報があふれている。このような社会を〇〇〇〇〇〇〇〇〇〇とよぶことがある。

キーワード

A	B	C	D ゛	E	F	G	H	I	J

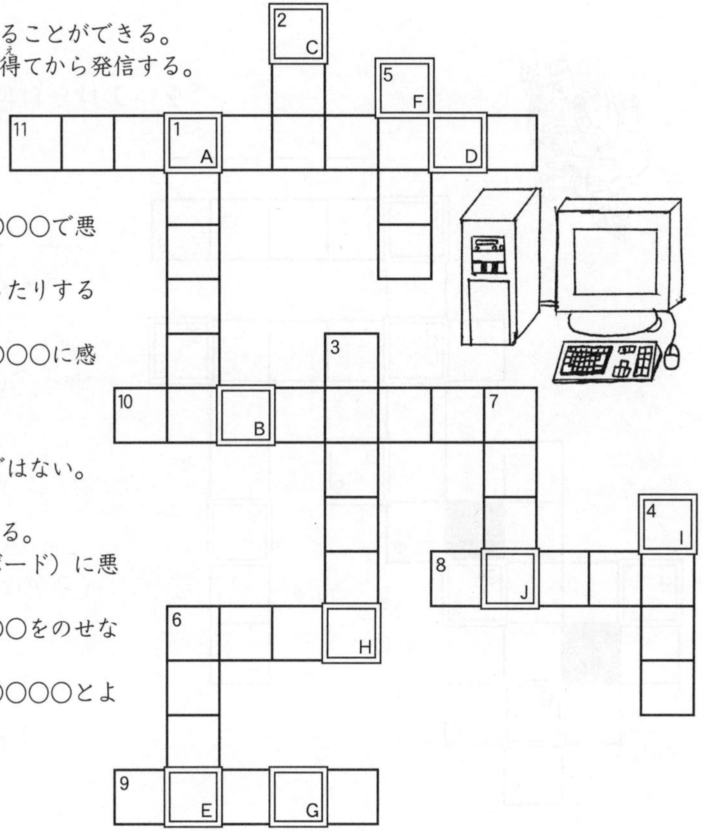

【たてのかぎ】　1 ほおむぺえじ（ホームページ）　2 きょか（許可）　3 ちょさくけん（著作権）　4 でどころ（出所）　5 ちゃっと（チャット）　6 はんざい（犯罪）　7 ういるす（ウイルス）
【よこのかぎ】　6 はんだん（判断）　8 ぱすわあど（パスワード）　9 けいじばん（掲示板）　10 こじんじょうほう（個人情報）　11 じょうほうかしゃかい（情報化社会）
【キーワード】　ほんきがいちばんです（本気が一番です）

5年生編＜日本の国土＞

43 あたたかい地方のくらしクロスワード①

名前（　　　　　　　　　　　　）

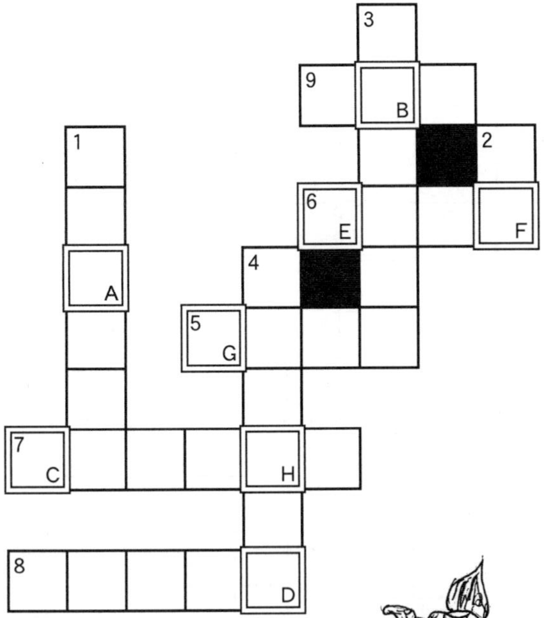

【たてのかぎ】

1　日本で最《もっと》もあたたかい地方にある都道府県は〇〇〇〇〇〇である。

2　沖縄県は１年を通して気温が高く，冬でも〇〇がふることがない。

3　沖縄県の海には〇〇〇〇〇〇が見られる。

4　沖縄県では４月ごろから〇〇〇〇〇〇もできる。(ヒント…海での泳ぎ)

【よこのかぎ】

5　沖縄県には夏から秋にかけて〇〇〇〇がやってくる。

6　沖縄県の伝統的《でんとうてき》な民家《みんか》には台風にそなえて家のまわりに〇〇〇〇や木が設《もう》けられている。

7　現在の沖縄県の家には屋根が平らな〇〇〇〇〇〇づくりの家が多い。

8　沖縄県は山が少なく川が短いので，雨がたくさんふるわりには，すぐに海に流れ出してしまう。
　そのため，昔から〇〇〇〇〇に悩《なや》まされている。

9　現在の沖縄県の家の屋根には水不足にそなえての〇〇〇が取り付けられている。

キーワード

A	B	C ゛	D	E	F	G	H

【たてのかぎ】　1 おきなわけん（沖縄県）　2 ゆき（雪）　3 さんごしょう（サンゴ礁）　4 かいすいよく（海水浴）
【よこのかぎ】　5 たいふう（台風）　6 いしがき（石垣）　7 こんくりいと（コンクリート）　8 みずぶそく（水不足）　9 たんく（タンク）
【キーワード】　なんごくいきたい（南国行きたい）

44 あたたかい地方のくらしクロスワード②

名前（　　　　　　　　　　）

【たてのかぎ】

1　沖縄県ではあたたかい〇〇〇を生かした農業が行われている。

2　沖縄県の与那国島《よなぐにじま》では〇〇〇〇〇が年に２回行われている。

（ヒント…日本人の主食）

3　沖縄県だけで生産されているくだものに〇〇〇〇〇〇〇がある。

4　沖縄県の与那国島《よなぐにじま》のまわりの海は〇〇〇〇〇の黒潮《くろしお》の通り道であるのでよい漁場《ぎょじょう》となっている。

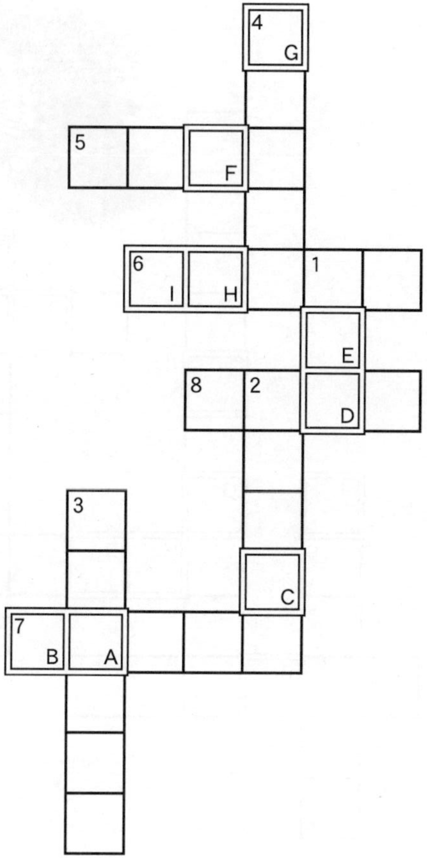

【よこのかぎ】

5　沖縄の特産物《とくさんぶつ》である野菜に〇〇〇〇（別名　ゴーヤー）がある。

6　沖縄県の農作物の中で作付面積《さくつけめんせき》が最も多いのは〇〇〇〇〇である。

7　沖縄県ではキクやランなどの〇〇〇〇〇も行われている。

8　沖縄県での農作物は県外での生産が少なくなる冬の時期に〇〇〇〇（航空機《こうくうき》）で出《しゅっ》荷《か》される。

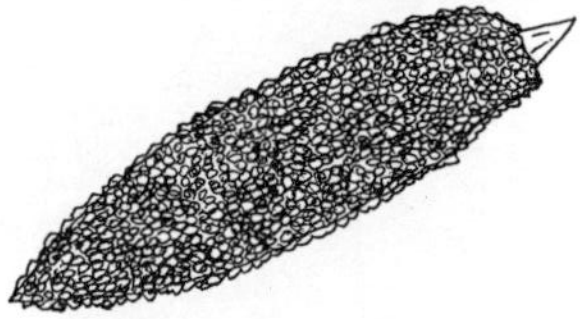

キーワード

A	B	C	D	E	F	G	H	I

【たてのかぎ】　1 きこう（気候）　2 こめづくり（米作り）　3 ぱいなっぷる（パイナップル）　4 だんりゅう（暖流）
【よこのかぎ】　5 にがうり（苦瓜）　6 さとうきび（サトウキビ）　7 はなづくり（花作り）　8 ひこうき（飛行機）
【キーワード】　なはくうこうだとさ（那覇空港だとさ）

45 あたたかい地方のくらしクロスワード③

名前（　　　　　　　　　　　　　）

【たてのかぎ】

1　沖縄県は昔，○○○○○○○○○○とよばれていた。

2　日本の最西端《さいせいたん》である沖縄県の○○○○○○からは晴れた日に海の向こうに台湾《たいわん》が見える。

3　沖縄県の動植物には天然記念物《てんねんきねんぶつ》に指定されたものが多い。イリオモテヤマネコや○○○○○○○が有名である。

（ヒント…鳥）

4　沖縄県の独自《どくじ》のおどりに○○○○がある。

【よこのかぎ】

5　沖縄の海には○○○○○○が広がる。

6　太平洋戦争中に沖縄でなくなった約２３万人の人の名前がきざまれている記念ひは○○○○○○○である。（「ひめゆりの塔」も有名）

7　沖縄県には今でも○○○○○○の基地《きち》があり，そう音《おん》などの問題も起きている。

キーワード

A	B ゛	C	D	E	F	G	H	I

【たてのかぎ】　1 りゅうきゅうおうこく（琉球王国）　2 よなぐにじま（与那国島）　3 やんばるくいな（ヤンバルクイナ）　4 えいさあ（エイサー）
【よこのかぎ】　5 さんごしょう（サンゴ礁）　6 へいわのいしじ（平和の礎）　7 あめりかぐん（アメリカ軍）
【キーワード】　ながいきしましょう（長生きしましょう）

46 寒い地方のくらしクロスワード①

名前（　　　　　　　　　　　　　）

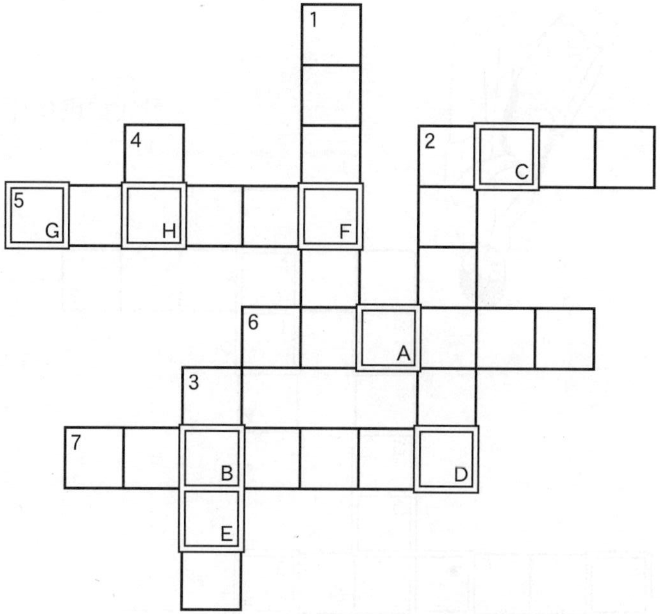

【たてのかぎ】

1　寒い地方には○○○○○○の旭川《あさひかわ》地方や宗谷《そうや》地方などがある。（ヒント…都道府県名）

2　寒い地方には○○○○○○の十日町《とおかまち》市などがある。（ヒント…都道府県名）

3　あたたかい地方と比べて寒い地方では○○○○量《りょう》が多い。（ヒント…雪の量）

4　寒い地方の家のつくりー雪が落ちやすいようにかたむきの急な○○になっているところが多い。

【よこのかぎ】

2　寒い地方の家のつくりー北海道では窓やドアを○○○○にして寒い風が家の中に入らないように工夫している家がある。

5　寒い地方の家のつくりーかべや天井に○○○○○○を入れて部屋のあたたかさをにがさないようにしている。

6　寒い地方の家のつくりーたくさん燃料《ねんりょう》の入る大きな○○○○○○が家の外にある。

7　あたたかい地方と比べて寒い地方の○○○○○○○はかなり低い。（ヒント…「合計÷個数《こすう》」）

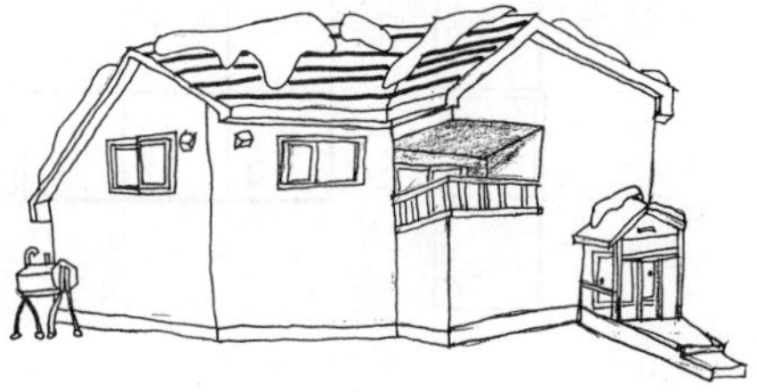

キーワード

A	B	C	D	E	F	G	H

【たてのかぎ】　1 ほっかいどう（北海道）　2 にいがたけん（新潟県）　3 せきせつ（積雪）　4 やね（屋根）
【よこのかぎ】　2 にじゅう（二重）　5 だんねつざい（断熱材）　6 とうゆたんく（灯油タンク）　7 へいきんきおん（平均気温）
【キーワード】　ゆきじんせいだね（雪人生だね）

5年生編＜日本の国土＞

47 寒い地方のくらしクロスワード②

名前（　　　　　　　　　　　　）

【たてのかぎ】

1　地下水や温水が吹き出し口から飛び出し，道路の雪をとかすものを○○○○○○○○○という。

2　ロータリー車で道路の雪を○○○○する。

3　雪が積もっても困らないように家の○○を高くしてある。

4　雪が積もっても使えるように○○○○の上に電話ボックスがつくられている。

【よこのかぎ】

3　屋根に積もった雪をそのままにしておくと雪の重さで家がつぶれてしまうので○○○○○をする。

5　道路の両側にある，水を利用して雪を流すみぞを○○○○○○○という。

6　両手を使って雪を運ぶための道具を○○○○○○という。（イラストの道具）

キーワード

A	B	C	D	E	F	G	H ゛		I	J	K
								さ			

【たてのかぎ】　1 しょうせつぱいぷ（消雪パイプ）　2 じょせつ（除雪）　3 ゆか（床）　4 かいだん（階段）
【よこのかぎ】　3 ゆきおろし（雪下ろし）　5 りゅうせつこう（流雪溝）　6 すのおだんぷ（スノーダンプ）
【キーワード】　せきせつりょうがさいだい（積雪量が最大）

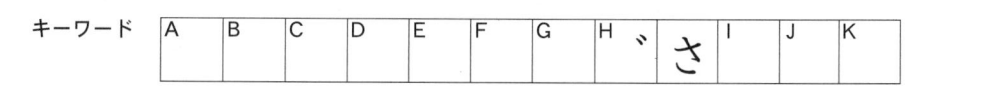

5年生編＜日本の国土＞

48 寒い地方のくらしクロスワード③

名前（　　　　　　　　　　　　　　）

【たてのかぎ】

1　寒い地方では雪像《せつぞう》などを展示《てんじ》した○○○○○が行われ，多くの観光客《かんこうきゃく》が訪れる。

2　寒い地方ではお米の生産がさかんである。特に新潟では○○○○○の生産が有名。

3　寒い地方では○○○やスノーボードなどのスポーツが盛んである。

4　雪と親しむことを漢字二字で○○○○という。（ヒント…親しむ・雪）

【よこのかぎ】

2　雪の問題を乗り越えることを漢字二字で○○○○という。（ヒント…克《こく》服《ふく》・雪）

5　雪を産業や生活などに利用することを漢字二字で○○○という。（ヒント…利用・雪）

6　新潟県十日町《とおかまち》市では十日町友禅《ゆうぜん》という○○○○○○づくりが行われている。

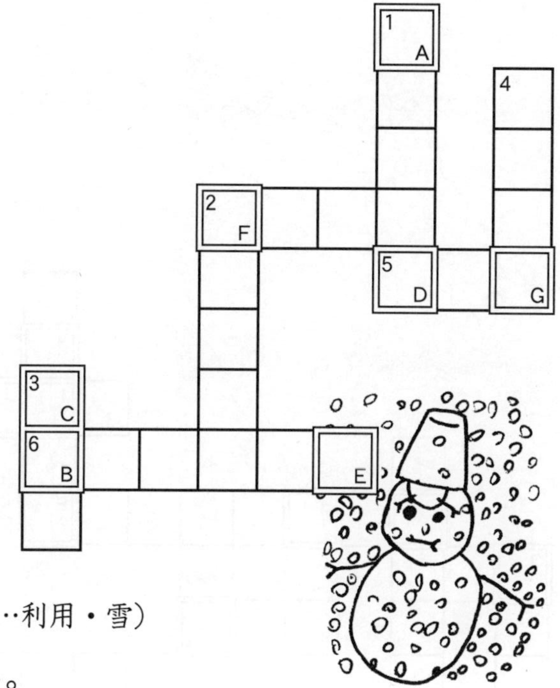

キーワード

A	B	C		D	E	F	G
			べ				

【たてのかぎ】　1　ゆきまつり（雪祭り）　2　こしひかり（コシヒカリ）　3　すきい（スキー）　4　しんせつ（親雪）
【よこのかぎ】　2　こくせつ（克雪）　5　りせつ（利雪）　6　きぬおりもの（絹織物）
【キーワード】　ゆきすべりのこつ（雪すべりのコツ）

5年生編<日本の国土>

49 日本の領土のようすクロスワード

名前（　　　　　　　　　　）

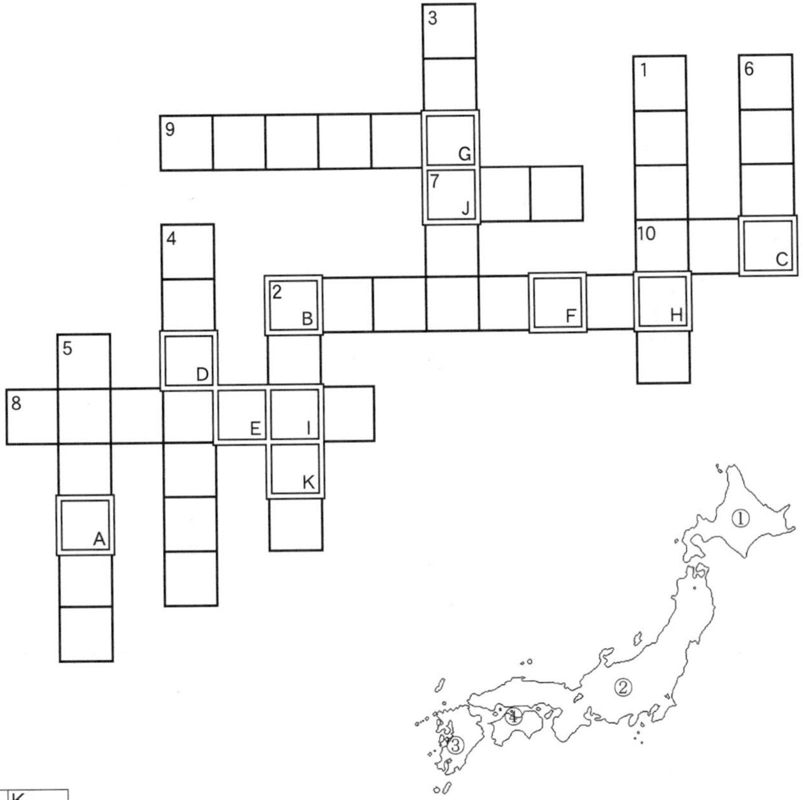

【たてのかぎ】

1　日本列島の①の部分を○○○○○○という。
2　日本列島の②の部分を○○○○○という。
3　日本列島の③の部分を○○○○○○という。
4　日本の南のはしは○○○○○○○である。（東京都）
5　日本の西のはしは○○○○○○である。（沖縄県）
6　地球上の東西の位置を示す線を○○○○という。

【よこのかぎ】

2　【よこ9】の島の他，国後島《くなしりとう》，色丹島《しこたんとう》，歯舞諸島《はぼまいしょとう》の四島を○○○○○○○○○という。日本固有《にほんこゆう》の領土だったがロシアが占領《せんりょう》しており，日本は返還《へんかん》を求めている。
7　日本列島の④の部分を○○○という。
8　日本の東のはしは○○○○○○○である。（東京都）
9　日本の北のはしは○○○○○○である。（北海道）
10　地球上の南北の位置を示す線を○○○という。

キーワード

A	B	C	D	E	F	G	H	I	J	K

【たてのかぎ】　1 ほっかいどう（北海道）　2 ほんしゅう（本州）　3 きゅうしゅう（九州）　4 おきのとりしま（沖ノ鳥島）　5 よなぐにじま（与那国島）　6 けいせん（経線）
【よこのかぎ】　2 ほっぽうりょうど（北方領土）　7 しこく（四国）　8 みなみとりしま（南鳥島）　9 えとろふとう（択捉島）　10 いせん（緯線）
【キーワード】　にほんのりょうどししゅ（日本の領土死守）

50 日本の気候のようすクロスワード

名前（　　　　　　　　　　）

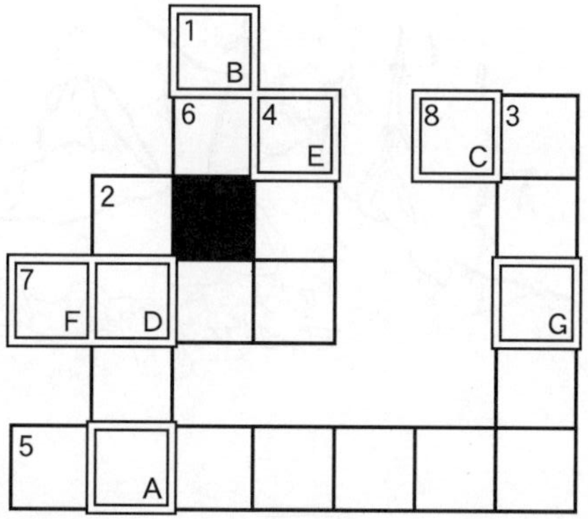

【たてのかぎ】

1　６月から７月にかけて，九州地方から東北地方にかけてふりつづく長雨を○○という。

2　おもに８月から９月にかけて毎年，○○○○が日本をおそう。

3　日本では，冬はアジア大陸から太平洋に向かって北西の風がふき，夏は太平洋から大陸へ向かって南東のしめった風がふく。このように，冬と夏とで反対の方向に決まってふく風を○○○○○という。

4　夏は日本の南部でたいへん暑く，冬は北(北海道など)と南(沖縄など)の○○○の差が大きい。

【よこのかぎ】

5　ある期間に一定《いってい》の面積にふった雨や雪の量を○○○○○○○という。日本では地域《ちいき》，季節でかなりのちがいがある。

6　日本では，冬はアジア大陸から太平洋に向かって北西の風がふき，日本海側《にほんかいがわ》に多くの○○をふらせる。

7　日本では，冬はアジア大陸から太平洋に向かって北西の風がふき，太平洋側《たいへいようがわ》では○○○○が続く。

8　日本には春夏秋冬という○○がある。

キーワード

A	B		C	D	E	F	G
		く					

【たてのかぎ】　1　つゆ（梅雨）　2　たいふう（台風）　3　きせつふう（季節風）　4　きおん（気温）
【よこのかぎ】　5　こうすいりょう（降水量）　6　ゆき（雪）　7　せいてん（晴天）　8　しき（四季）
【キーワード】　うつくしいきせつ（美しい季節）

5年生編＜日本の国土＞

51 日本の地形のようすクロスワード

名前（　　　　　　　　　　　　）

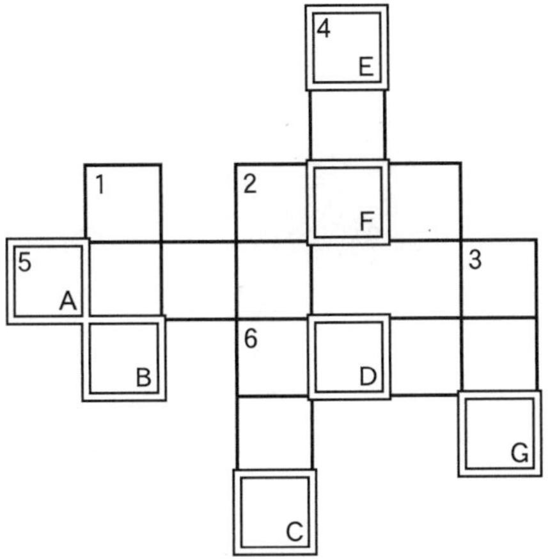

【たてのかぎ】

1　いくつかの山が集まって一つのまとまりをつくっているところを○○○という。

2　山地のうち，山のみねがつながってつづいているものを○○○○○という。

3　平地（山が少なく平らなところ）のうち，海に面しているものを○○○という。

4　日本には○○○が多い。時々，ふん火して被害《ひがい》をもたらす。

【よこのかぎ】

2　日本の国土の約４分の３は○○○である。その分，平地（平野）が少ない。

5　**【たて４】**のまわりには○○○○が多く，観光《かんこう》や休養《きゅうよう》に利用されている。

6　日本の多くの川は長さが○○○○。また，流れも急である。

キーワード

A	B		C	D	E	F	G
		つ					

【たてのかぎ】　1 さんち（山地）　2 さんみゃく（山脈）　3 へいや（平野）　4 かざん（火山）
【よこのかぎ】　2 さんち（山地）　5 おんせん（温泉）　6 みじかい（短い）
【キーワード】　おちつくじかんや（落ち着く時間や）

5年生編<環境>

52 公害病クロスワード

名前（　　　　　　　　　　　）

【たてのかぎ】

1　1960（昭和35）年ごろ，三重県で発生した，息苦《いきぐる》しくて，のどがいたみ，はげしいぜんそくの発作《ほっさ》を起こす公害病を〇〇〇〇〇〇〇〇〇という。

2　1955（昭和30）年ごろ，富山県で発生した，骨がもろくなり，いたいいたいと言ってとても苦しむ公害病を〇〇〇〇〇〇〇〇〇という。

3　1956（昭和31）年ごろ，熊本県や鹿児島県で発生した，手足がしびれ，目や耳が不自由となり，死ぬこともある公害病を〇〇〇〇〇〇〇という。

4　1964（昭和39）年ごろ，新潟県で発生した，手足がしびれ，目や耳が不自由となり，死ぬこともある公害病を〇〇〇〇〇〇〇〇〇〇〇という。

5　【たて1】の公害病は，石油《せきゆ》化学工場《かがくこうじょう》から出た〇〇〇が原因で発生した。

【よこのかぎ】

1　【たて1～4】の公害病をまとめて〇〇〇〇〇〇〇〇〇〇〇という。

6　【たて2】の公害病は，神通川上流《じんずうがわじょうりゅう》の鉱山《こうざん》から出された〇〇〇〇〇が原因で発生した。

7　【たて3・4】の公害病は，化学工場から出された〇〇〇〇が原因で発生した。

8　これら4つの公害病は，いずれも被害者側《ひがいしゃがわ》が〇〇〇〇で勝ち，公害をおこした工場の責任がきびしく追及された。

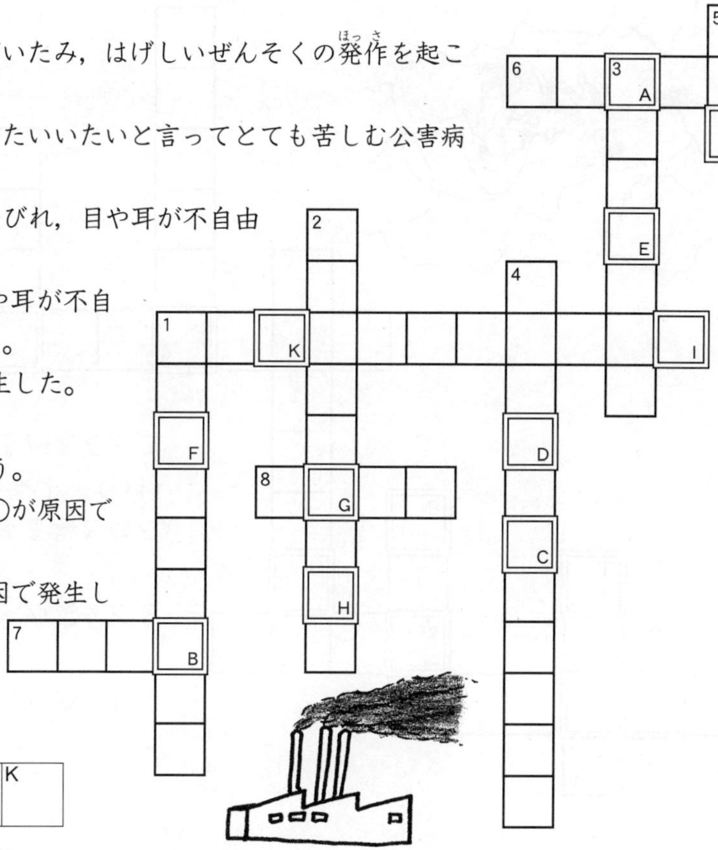

キーワード

A	B	C	D	E	F	G		H	I	J	K
							し				

【たてのかぎ】　1 よっかいちぜんそく（四日市ぜんそく）　2 いたいいたいびょう（イタイイタイ病）　3 みなまたびょう（水俣病）　4 にいがたみなまたびょう（新潟水俣病）　5 けむり（煙）

【よこのかぎ】　1 よんだいこうがいびょう（四大公害病）　6 かどみうむ（カドミウム）　7 すいぎん（水銀）　8 さいばん（裁判）

【キーワード】　みんなたたかいしょうりだ（みんな戦い勝利だ）

5年生編＜環境＞

53 森林のはたらきクロスワード

名前（　　　　　　　　　　　）

【たてのかぎ】

1　日本の国土《こくど》の３分の２が○○○○である。

2　森林のはたらき①－地《ち》球《きゅう》温《おん》暖《だん》化《か》の原因となる○○○○○○○を吸収《きゅうしゅう》し，酸素《さんそ》を作る。

3　森林のはたらき②－○○○○のすみかになり，食料である木の実などをもたらしてくれる。

4　森林のはたらき③－人々のくらしに必要な○○○○を生産する場となる。（ヒント…材料《ざいりょう》）

5　森林のはたらき④－雨水をたくわえ，少しずつ流すはたらきがある。このことから森林は○○○○○○ともよばれている。

【よこのかぎ】

1　秋田県と青森県の境《さかい》に広がる森林である○○○○○○○は世界《せかい》遺産《いさん》に登録《とうろく》されている。

3　森林のはたらき⑤－こう水や○○○○○○○などの災害《さいがい》を防《ふせ》ぐ。

6　日本では使用する木材の多くを○○○○にたよっている。

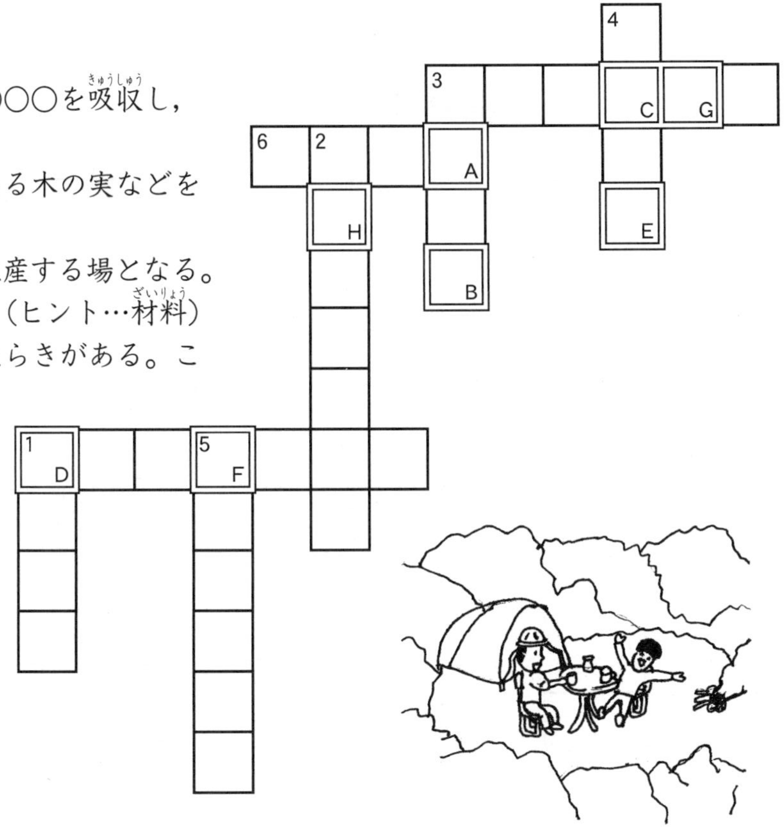

キーワード

A	B	C	D	E	F	G	H

【たてのかぎ】　1 しんりん（森林）　2 にさんかたんそ（二酸化炭素）　3 どうぶつ（動物）　4 もくざい（木材）　5 みどりのだむ（緑のダム）
【よこのかぎ】　1 しらかみさんち（白神山地）　3 どしゃくずれ（土砂くずれ）　6 ゆにゅう（輸入）
【キーワード】　うつくしいみずさ（美しい水さ）

5年生編＜環境＞

54 森林を育てるクロスワード

名前（　　　　　　　　　　　）

【たてのかぎ】

1　人が作った林を〇〇〇〇〇〇という。

2　森林を育てる①ー畑で〇〇〇を育てる。

3　森林を育てる②ー育った苗木《なえぎ》を山に植える。これを〇〇〇〇〇という。

4　森林を育てる③ー木の成長のさまたげになる雑草《ざっそう》をかり取る。これを〇〇〇〇〇〇という。

【よこのかぎ】

5　森林を育てる④ー節《ふし》のない木材を作るために下枝《したえだ》を切り落とす。これを〇〇〇〇という。

6　森林を育てる⑤ー太陽の光がよくとどくように弱っている木を切る。これを〇〇〇〇という。

7　森林を育てる⑥ー育った木を切る。これを〇〇〇〇という。

8　人が作った林ではなく，自然の林を〇〇〇〇〇〇という。

9　木を育てるなどの仕事を〇〇〇〇〇という。

キーワード

A	B	C	D	E	F	G	H

【たてのかぎ】　1 じんこうりん（人工林）　2 なえぎ（苗木）　3 しょくりん（植林）　4 したくさがり（下草がり）
【よこのかぎ】　5 えだうち（枝打ち）　6 かんばつ（間伐）　7 ばっさい（伐採）　8 てんねんりん（天然林）　9 りんぎょう（林業）
【キーワード】　だいじなしんりん（大事な森林）

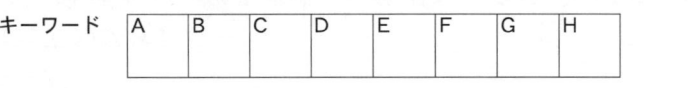

5年生編<環境>

55 環境問題クロスワード

名前（　　　　　　　　　　）

【たてのかぎ】

1　地球上の二《に》酸《さん》化《か》炭《たん》素《そ》（炭酸《たんさん》ガス・CO_2）が増えて，気温が今よりも上がる地球○○○○○が進んでいる。

2　工場のけむりや自動車の排気《はいき》ガスにふくまれる有害《ゆうがい》な物質《ぶっしつ》が雨とともに地上にふりそそぎ，木が枯《か》れたり，川や湖の生き物が死んだりしている。このような雨を○○○○○という。

3　海や空気（大気）の○○○が進み，生物に様々なえいきょうをおよぼしている。

4　地球にやさしい製品《せいひん》につけられているのは○○○○○である。
（イラストのマーク）

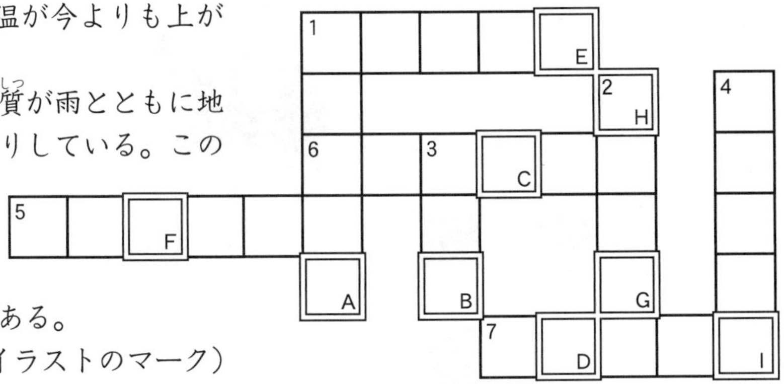

【よこのかぎ】

1　フロンガスによって地球を取りまく○○○○○がはかいされている。これがはかいされると太陽の強い紫外線《しがいせん》が直接に地球にふりそそぐようになり，農作物や人体に悪いえいきょうをあたえる。

5　地球の赤道《せきどう》付近《ふきん》に広がる○○○○○○が木材《もくざい》資源《しげん》として切り出されたり畑をつくるために焼きはらわれたりして急速にへっている。

6　ビニールなどを燃やしたときに発生する猛毒《もうどく》を○○○○○○という。

7　環境を守るために世界の国々では温暖化《おんだんか》の防止《ぼうし》や環境に関する○○○○○を結んでいる。
（ヒント…国と国との約束）

キーワード

A	B	C	D	E	F	G	H	I

【たてのかぎ】　1 おんだんか（温暖化）　2 さんせいう（酸性雨）　3 おせん（汚染）　4 えこまあく（エコマーク）
【よこのかぎ】　1 おぞんそう（オゾン層）　5 ねったいりん（熱帯林）　6 だいおきしん（ダイオキシン）　7 じょうやく（条約）
【キーワード】　かんきょうたいさく（環境対策）

6年生編＜歴史＞

56 弥生時代クロスワード①

名前（　　　　　　　　　　　）

【たてのかぎ】

1　この時代，大陸（中国や朝鮮《ちょうせん》）から移り住んだ人々によって○○○○○の技術が伝えられ，しだいに各地《かくち》に広がった。

2　人々は○○○をはいて水田に入り，種もみをじかにまいたり，苗《なえ》を育てて田植えをした。（ヒント…イラスト）

3　秋には○○○○○○○で稲《いね》の穂《ほ》をかりとった。

4　この時代のうすくてかたい土器《どき》を○○○○○という。

5　この時代の遺跡《いせき》として静岡県の○○○○○が有名である。

【よこのかぎ】

2　収穫《しゅうかく》したお米は○○○○○○○にたくわえられた。

4　この時代を○○○○○○という。

6　大陸からは○○○○○や鉄器《てっき》が伝わった。（ヒント…銅《どう》でできた入れ物）

7　水田を耕《たがや》すのに木の○○やすきを使った。

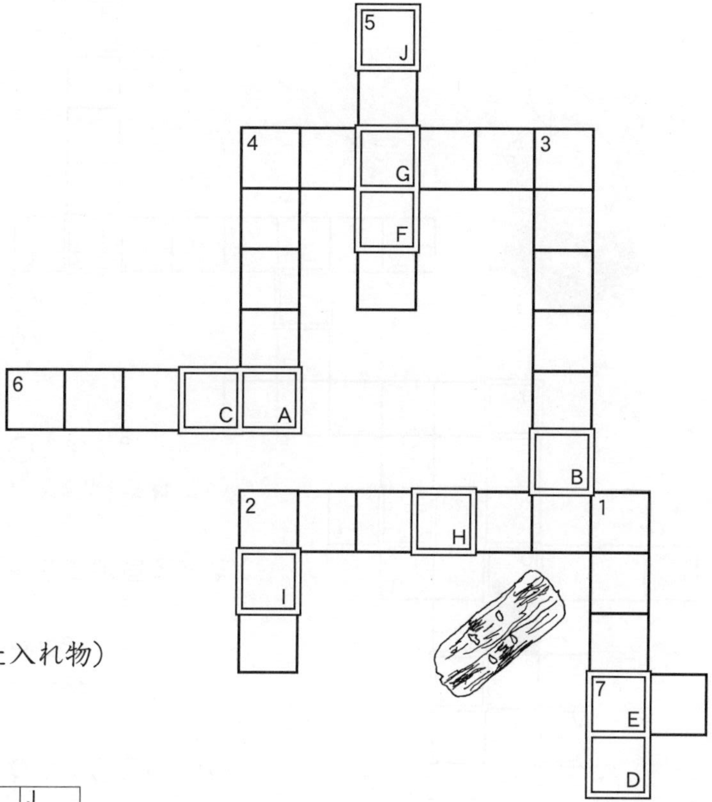

キーワード

A	B	C	D		E	F	G	H		I		J
				よ					つ		っ	

【たてのかぎ】　1 こめづくり（米づくり）　2 たげた（田げた）　3 いしぼうちょう（石包丁）　4 やよいどき（弥生土器）　5 とろいせき（登呂遺跡）
【よこのかぎ】　2 たかゆかそうこ（高床倉庫）　4 やよいじだい（弥生時代）　6 せいどうき（青銅器）　7 くわ
【キーワード】　きょうりょくせいかつげっと（協力生活ゲット）

6年生編＜歴史＞

57 弥生時代クロスワード②

名前（　　　　　　　　　　　）

【たてのかぎ】

1　米作りがさかんになると安定した食料が得られるようになり，むらの○○○○が増えていった。

2　むらの中には人々をまとめる○○○○○が現れた。（ヒント…ボスのこと）

3　土地や水をめぐってのむらとむらの○○○○が起きるようになった。（ヒント…「たたかい」「戦争」）

4　中国の古い本（魏《ぎ》志《し》倭《わ》人伝《じんでん》）には，当時の日本には○○○という女王が国をおさめていたという記録がある。（イラストの人物）

5　この女王（【たて４】）は○○○○をする力があり，人々を従《したが》えたと記録されている。

6　祭りのときにかざったり鳴らしたりしたといわれるのは○○○○である。

【よこのかぎ】

6　イラストの剣《けん》は【よこ10】の遺跡《いせき》から出土された○○○○である。

7　【たて４】の女王がおさめていた国の名前を○○○○○○という。

8　技術やたくわえの量によって，人々の間に○○○の差が広がっていった。

9　他の○○を支配《しはい》する者が現れ，それぞれ小さなくにが生まれた。

10　この時代の遺跡《いせき》として有名なのが，佐賀県の○○○○○○○○である。

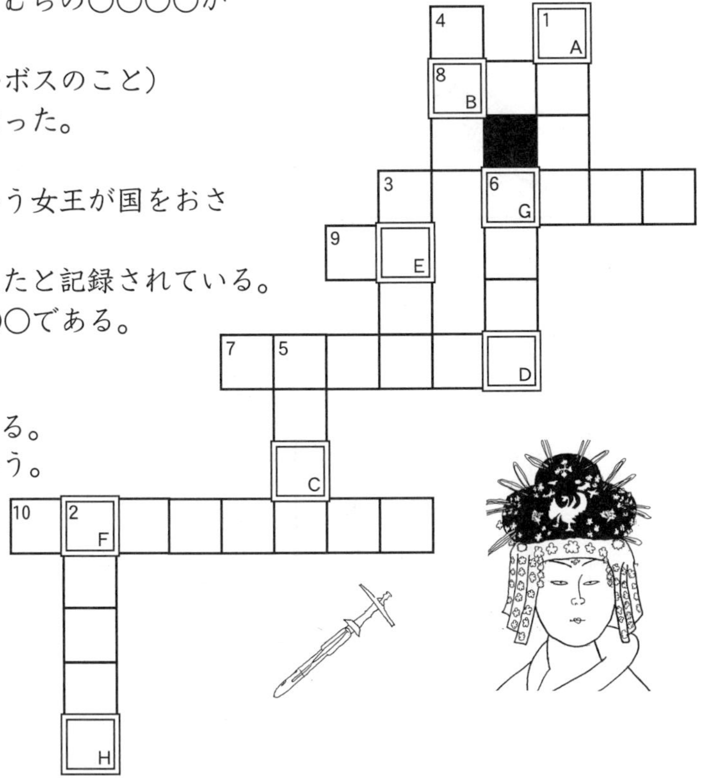

キーワード

A	B	C	D	E	F		G	H	
						は			？

【たてのかぎ】　1 じんこう（人口）　2 しゅちょう（首長）　3 あらそい（争い）　4 ひみこ（卑弥呼）　5 まじない　6 どうたく（銅鐸）

【よこのかぎ】　6 どうけん（銅剣）　7 やまたいこく（邪馬台国）　8 みぶん（身分）　9 むら（村）　10 よしのがりいせき（吉野ヶ里遺跡）

【キーワード】　じみなくらしはどう？（地味な暮らしはどう？）

6年生編＜歴史＞

58 古墳時代クロスワード

名前（　　　　　　　　　　）

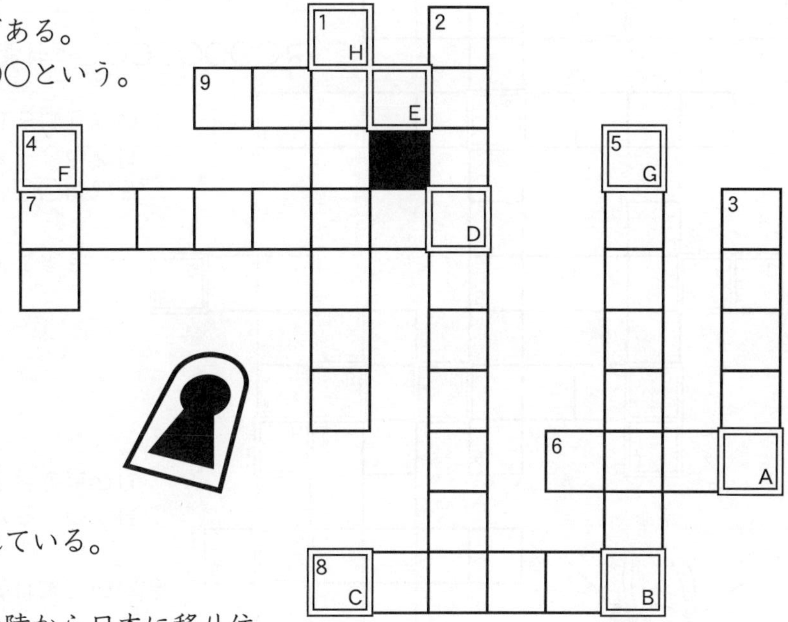

【たてのかぎ】

1　大阪《おおさか》府《ふ》堺《さかい》市《し》にある○○○○○○○は日本で最大の古墳《こふん》である。

2　**【たて1】**のような形をした古墳を○○○○○○○○○○という。

3　巨大《きょだい》古墳《こふん》が作られたのは，大きな○○○○○と富を示すためと言われている。

4　古墳から出土《しゅつど》した○○○には円形のものから，人や動物，家や船など様々な種類がある。

5　この時代，有力《ゆうりょく》な豪族《ごうぞく》たちは連合《れんごう》して○○○○○○○○という政府《せいふ》を作り，関東から九州までの豪族を従《したが》えるようになった。

【よこのかぎ】

6　古墳はその地域を支配していた○○○○のお墓《はか》である。

7　**【たて1】**の古墳は○○○○○○○○のお墓だといわれている。

8　この時代を○○○○○○という。

9　この時代，中国や朝鮮《ちょうせん》との行《い》き来《き》がさかんになった。大陸から日本に移り住んだ人々を○○○○○という。仏教《ぶっきょう》や漢字，建築《けんちく》の技術，青銅器《せいどうき》や鉄器《てっき》などを日本に伝えた。

キーワード

A			B	C	D	E	F	G	H
	る	し							

【たてのかぎ】　1 だいせんこふん（大山古墳）　2 ぜんぽうこうえんふん（前方後円墳）　3 けんりょく（権力）　4 はにわ（埴輪）　5 やまとちょうてい（大和朝廷）

【よこのかぎ】　6 ごうぞく（豪族）　7 にんとくてんのう（仁徳天皇）　8 こふんじだい（古墳時代）　9 とらいじん（渡来人）

【キーワード】　くるしいこうじはやだ（苦しい工事はやだ）

6年生編＜歴史＞

59 飛鳥時代クロスワード

名前（　　　　　　　　　　）

【たてのかぎ】

1　天皇を助ける役職《やくしょく》についた○○○○○○○○は天皇中心の国づくりを目指した。（イラストの人物）

2　イラストの人物の政治…役人の位を12に分け，それぞれ冠《かんむり》の色で区別した。この政策《せいさく》を○○○○○○○○○という。

3　イラストの人物の政治…当時大きな力をもっていた中国（当時は隋《ずい》）の政治のしくみや文化を取り入れるために○○○○○をおくった。

4　イラストの人物がなくなった後，蘇我《そが》氏の力が強くなり，天皇をしのぐほどになる。再び，天皇中心の政治を実現しようとして蘇我氏をほろぼしたのは○○○○○○○○○○と**【よこ9】**たちであった。

【よこのかぎ】

5　イラストの人物は○○○とともに天皇中心の国づくりを目指した。（ヒント…豪族《ごうぞく》）

6　イラストの人物は○○○○○○を建てた。

7　イラストの人物の政治…新しい国づくりに向けての役人の心がまえを示したのは○○○○○○○○の憲法である。

8　**【たて3】**で中国（隋《ずい》）に行ったことで有名なのは，○○○○○○である。

9　イラストの人物がなくなった後，蘇我氏の力が強くなり，天皇をしのぐほどになった。再び，天皇中心の政治を実現しようとして蘇我氏をほろぼしたのは○○○○○○○○○と**【たて4】**たちであった。

10　**【たて4】**と**【よこ9】**の人物が645年，蘇我氏をほろぼした事件を○○○○○○○○という。

キーワード

	A	B		C	D	E	F		G	H	I	J		K	L	M
せ			さ					く	゛				ち			

【たてのかぎ】　1 しょうとくたいし（聖徳太子）　2 かんいじゅうにかい（冠位十二階）　3 けんずいし（遣隋使）　4 なかのおおえのおうじ（中大兄皇子）
【よこのかぎ】　5 そがし（蘇我氏）　6 ほうりゅうじ（法隆寺）　7 じゅうななじょう（十七条）　8 おののいもこ（小野妹子）　9 なかとみのかまたり（中臣鎌足）　10 たいかのかいしん（大化の改新）
【キーワード】　せかいさいこのもくぞうけんちくなの（世界最古の木造建築なの）

6年生編<歴史>

60 奈良時代クロスワード①

名前（　　　　　　　　　　）

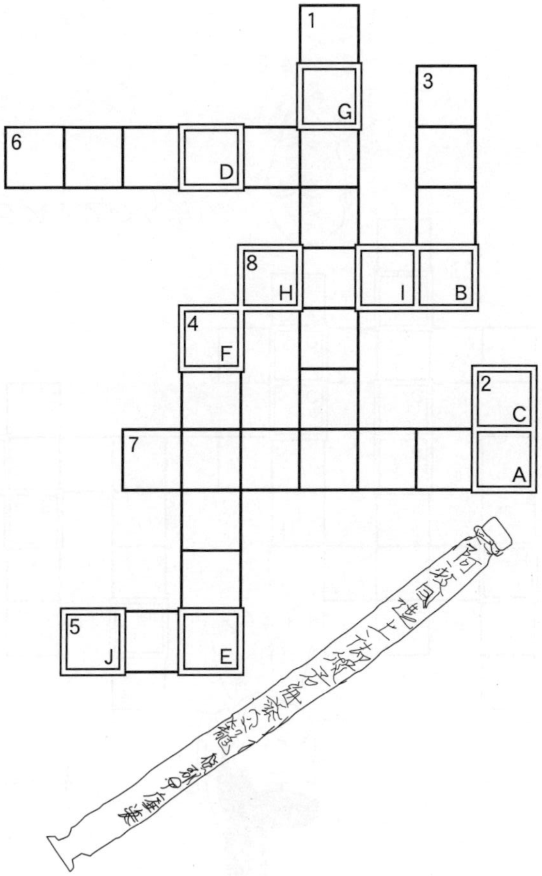

【たてのかぎ】

1　奈良時代にさかえた都は○○○○○○○○である。

2　【たて1】の都は○○（中国）の都を見習って作られた。

3　【たて1】の都からは○○○○という「文字が書かれた木の札《ふだ》」がたくさん出土《しゅつど》した。これは都へ運ばれるさまざまな品物につけられていた札である。（イラストの札）

4　朝廷《ちょうてい》が日本の成り立ちを国の内外に示すために歴史書《れきししょ》を作った。有名なものに○○○○○○がある。（【よこ5】も有名）

【よこのかぎ】

5　朝廷《ちょうてい》が日本の成り立ちを国の内外《ないがい》に示すために歴史書《れきししょ》を作った。有名なものに○○○がある。（【たて4】も有名）

6　【たて1】の都の中央には道はばが70mもある○○○○○○という道が通っていた。

7　この時代に日本最古《にほんさいこ》の歌集《かしゅう》が作られた。○○○○○○○という。

8　この時代の○○○○は税《ぜい》として稲や地方の特産物《とくさんぶつ》を納《おさ》めたりするなど，きびしい生活だった。

キーワード

A	B	C	D	E	F	G	り	H	I	や	J

【たてのかぎ】　1 へいじょうきょう（平城京）　2 とう（唐）　3 もっかん（木簡）　4 にほんしょき（日本書紀）
【よこのかぎ】　5 こじき（古事記）　6 すざくおおじ（朱雀大路）　7 まんようしゅう（万葉集）　8 のうみん（農民）
【キーワード】　うんとおきにいりのみやこ（うんとお気に入りの都）

6年生編＜歴史＞

61 奈良時代クロスワード②

名前（　　　　　　　　）

【たてのかぎ】

1　奈良の大仏をつくることにしたのは○○○○○○○○である。（イラスト１の人物）

2　**【たて１】**の人物は○○○○○の力をかりて，混乱《こんらん》した世の中をしずめようとした。大仏づくりもその一つである。

3　**【たて１】**の人物は，地方ごとに○○○○○をおくことを命じた。

4　**【たて１】**の人物は，都に○○○○○というお寺を建て，そこに大仏を置いた。

5　大仏づくりにあたっては高度《こうど》な技術《ぎじゅつ》をもつ朝鮮《ちょうせん》からの○○○○○の子《し》孫《そん》を工事の責任者《せきにんしゃ》とした。

【よこのかぎ】

6　この時代（８世紀中ごろ），都では○○○○○○○が広がり，地方でもききんや争いが起こって世の中が混乱《こんらん》していた。

7　僧《そう》の○○○○は人々に仏教の教えを広め歩き，大仏作りにも協力した。（イラスト２の人物）

8　752年，大仏の完成を祝《いわ》う○○○○○○が**【たて４】**のお寺で盛大《せいだい》に行われた。

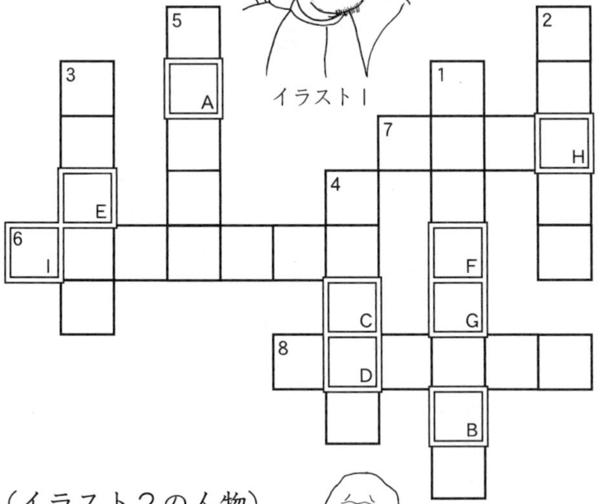

キーワード

な	A	B	C	D	E	つ	F	G	H	I	す

【たてのかぎ】　1　しょうむてんのう（聖武天皇）　2　ぶっきょう（仏教）　3　こくぶんじ（国分寺）　4　とうだいじ（東大寺）　5　とらいじん（渡来人）
【よこのかぎ】　6　でんせんびょう（伝染病）　7　ぎょうき（行基）　8　かいげんしき（開眼式）
【キーワード】　ならのだいぶつむてきです（奈良の大仏無敵です）

6年生編＜歴史＞

62 奈良時代クロスワード③

名前（　　　　　　　　　　）

【たてのかぎ】

1　中国（唐《とう》）の進んだ政治のしくみや文化を学ぶために○○○○○が送られた。

2　【たて1】以外にも中国（唐）へむけて○○○○○○○や僧《そう》も命がけで海をわたった。

3　奈良の大仏をおさめてある建物《たてもの》を○○○○○○という。

4　【よこ7】の建物には奈良の大仏の○○○○○○に使われた道具や海をこえて聖武天皇のもとに集められた品物がおさめられている。

【よこのかぎ】

5　朝廷《ちょうてい》の招《まね》きに応じて中国から日本に来る人々もいた。
なかでも○○○○は日本の仏教の発展に大きな役割をはたした。
（イラストの人物）

6　【よこ5】の人物が日本で開いたお寺は○○○○○○○○である。

7　○○○○○○○には「ガラスの器《うつわ》」「びわ」などの宝物が納《おさ》められている。

8　【よこ7】の建物は奈良の○○○○○（お寺）にある。

9　【よこ7】の建て方は宝物の保存《ほぞん》に適《てき》した○○○○○○○である。

キーワード

A		B	C		D	E	F	G		H	I	J
	ち			な					さ			

【たてのかぎ】　1 けんとうし（遣唐使）　2 りゅうがくせい（留学生）　3 だいぶつでん（大仏殿）　4 かいげんしき（開眼式）
【よこのかぎ】　5 がんじん（鑑真）　6 とうしょうだいじ（唐招提寺）　7 しょうそういん（正倉院）　8 とうだいじ（東大寺）　9 あぜくらづくり（校倉造）
【キーワード】　きちょうなぶんかいさんだぜ（貴重な文化遺産だぜ）

6年生編<歴史>

63 平安時代クロスワード

名前（　　　　　　　　　　）

【たてのかぎ】

1　８世紀末，京都に新しい都がつくられた。この都を○○○○○○○という。

2　平安時代，○○○○○○○○○は天皇にかわって政治を動かすほどの権力《けんりょく》をもった。

3　貴族《きぞく》たちは○○○○○○○という広い屋しきに住んでいた。

4　平安時代の有名な女流作家《じょりゅうさっか》には「源氏物語《げんじものがたり》」を書いた○○○○○○○がいる。

5　平安時代，日本の風景などを色あざやかに描いた絵を○○○○という。

【よこのかぎ】

6　平安時代の有名な女流作家には「枕草子《まくらのそうし》」を書いた○○○○○○○○がいる。

7　かな文字（ひらがな・かたかな）が生まれ，主に○○○○の間で使われた。

8　【たて４】の女流作家が書いた有名な物語を○○○○○○○○という。

9　【よこ６】の女流作家が書いた有名な随筆《ずいひつ》を○○○○○○○という。

10　平安時代は○○○が栄《さか》えた時代である。

キーワード

A	B		C	D	E		F	G	H	I
		に				か				

【たてのかぎ】　1 へいあんきょう（平安京）　2 ふじわらのみちなが（藤原道長）　3 しんでんづくり（寝殿造）　4 むらさきしきぶ（紫式部）　5 やまとえ（大和絵）
【よこのかぎ】　6 せいしょうなごん（清少納言）　7 じょせい（女性）　8 げんじものがたり（源氏物語）　9 まくらのそうし（枕草子）　10 きぞく（貴族）
【キーワード】　まいにちえんかいきぶん（毎日宴会気分）

6年生編＜歴史＞

64 鎌倉時代クロスワード①

名前（　　　　　　　　　　）

【たてのかぎ】

1　各地に○○とよばれる人々が起こった。

2　【たて1】の人々は一族《いちぞく》とともに○○○○に住み，農民や家来《けらい》を使って，田畑を耕《たがや》したりしていた。（ヒント…自分たちの土地のこと）

3　【たて1】の人々は，戦いに備《そな》えて，日ごろから○○○にはげんでいた。

4　平氏が貴族をおさえて政治の実権をにぎった戦いを○○○○○○という。

5　○○○○○○○○○を中心とする平氏一族が，朝廷の重要な地位を独占《どくせん》し，勢力《せいりょく》をふるった。（イラストの人物）

6　【たて5】の人物は武士ではじめて○○○○○○○○○○になった。

【よこのかぎ】

4　特に力を伸ばした武士には○○○がいる。（ヒント…**【たて5】**）

6　平氏《へいし》が源氏《げんじ》にほろぼされたのは○○○○○の戦いであった。

7　平氏の政治に不満を持つ人々が増えると，○○○○○○○○○○が関東の武士を仲間につけて平氏とたたかった。

8　【よこ7】の人物の弟である源《みなもとの》○○○○の活躍もあって平氏はほろんだ。

9　特に力を伸ばした武士には○○○がいる。（ヒント…**【よこ7】**）

キーワード

A	B	C	D	E	F	G		H	I	J
							か			

【たてのかぎ】　1 ぶし（武士）　2 りょうち（領地）　3 ぶげい（武芸）　4 へいじのらん（平治の乱）　5 たいらのきよもり（平清盛）　6 だいじょうだいじん（太政大臣）

【よこのかぎ】　4 へいし（平氏）　6 だんのうら（壇ノ浦）　7 みなもとのよりとも（源頼朝）　8 よしつね（義経）　9 げんじ（源氏）　【キーワード】 きょうだいげんかよしな（兄弟げんかよしな）

6年生編＜歴史＞

65 鎌倉時代クロスワード②

名前（　　　　　　　　　　）

【たてのかぎ】

1　1192年，源頼朝は○○○○○○○○○○に任命《にんめい》された。

2　源頼朝は鎌倉《かまくら》（神奈川県）に政治を行う役所《やくしょ》を開いた。この役所を○○○○○○○という。

3　武士の中で，将軍の家来《けらい》の武士を○○○○という。頼朝には多くの武士が従《したが》った。

4　頼朝は有力《ゆうりょく》な御家人《ごけにん》を○○○という役人に任命《にんめい》した。御家人を取りしまる仕事をした。

5　頼朝は有力な御家人を○○○という役人に任命した。村で年貢の取り立てなどの仕事をした。

6　御家人は戦いのときは家来を率《ひき》いて「いざ鎌倉」とかけつけ，幕府のために命がけで戦った。このことを○○○○という。

【よこのかぎ】

6　源氏《げんじ》の将軍が３代でとだえると，次に幕府の政治を進めたのが○○○○○氏であった。

7　幕府（将軍）は御家人の領地《りょうち》を守ったり，手がらによって新しい領地をあたえたりした。このことを○○○という。幕府と御家人は土地を仲立ちとした関係で結ばれていた。

8　源氏《げんじ》の将軍がたえた後，朝廷《ちょうてい》が幕府をたおそうとしたが，頼朝の妻の○○○○○○○○は御家人を団結《だんけつ》させ，朝廷軍《ちょうていぐん》をやぶった。

9　【よこ８】の人物の役職を○○○○という。

10　この時代を○○○○○○○という。

キーワード

A	B		C	D	E	F	G	H		I	J	K	L
		と							て				

【たてのかぎ】　1 せいいたいしょうぐん（征夷大将軍）　2 かまくらばくふ（鎌倉幕府）　3 ごけにん（御家人）　4 しゅご（守護）　5 じとう（地頭）　6 ほうこう（奉公）
【よこのかぎ】　6 ほうじょう（北条）　7 ごおん（ご恩）　8 ほうじょうまさこ（北条政子）　9 しっけん（執権）　10 かまくらじだい（鎌倉時代）
【キーワード】　とうとうさんだいにておしまい（とうとう３代にておしまい）

6年生編＜歴史＞

66 鎌倉時代クロスワード③

名前（　　　　　　　　　　）

【たてのかぎ】

1　13世紀に中国を支配《しはい》したモンゴル人は国名を○○と定めた。

2　元《げん》は朝鮮をしたがえて２度にわたって日本の○○○○○○北部（博多湾《はかたわん》）にせめてきた。

3　○○○○○○○○○は武士たちを集めて元の大軍《たいぐん》と戦った。（イラストの人物）

【よこのかぎ】

4　元軍は火薬《かやく》を爆発《ばくはつ》させる○○○○という新兵器《しんへいき》を使い，武士を苦しめた。

5　１度目の戦いの後，幕府は元軍の次の攻撃《こうげき》に備《そな》えて○○○○（防塁《ぼうるい》）をつくらせた。

6　元軍は２度の戦いとも，○○○○○（神風《かみかぜ》）にあい，大きな損害《そんがい》を受けて引き上げた。（ヒント…激しい風と雨）

7　【たて３】の人物の幕府での地位を○○○○という。

8　この戦いで武士たちは多くの費用《ひよう》を使い，幕府のために命がけで戦ったが，ほうびの○○（領地《りょうち》）をもらうことができず，しだいに幕府に対して不満を持つようになっていった。

キーワード

か	A	B	C	D	E	F	G	H	た

【たてのかぎ】　1 げん（元）　2 きゅうしゅう（九州）　3 ほうじょうときむね（北条時宗）
【よこのかぎ】　4 てつはう　5 いしがき（石垣）　6 ぼうふうう（暴風雨）　7 しっけん（執権）　8 とち（土地）
【キーワード】　かちうんがむいてきた（勝運が向いてきた）

6年生編＜歴史＞

67 室町時代クロスワード①

名前（　　　　　　　　　　）

【たてのかぎ】

1　1338年，足利氏が○○○○○○○を開いた。

2　【たて１】を開いた初代将軍《しょだいしょうぐん》は○○○○○○○○である。

3　３代将軍○○○○○○○○は各地を治めていた守護《しゅご》（大名《だいみょう》）を従え，強い権力をもった。（イラスト１の人物）

4　３代将軍は○○（今の中国）との貿易《ぼうえき》を行った。

5　３代将軍は京都の北山《きたやま》に金《きん》ぱくの○○○○○というお寺を建てた。

6　この時代に活躍した画家に○○○○○がいる。【よこ11】を描いた。

7　この時代には武士や貴族を中心に○○○○がさかんになった。（ヒント…花を生《い》ける）

【よこのかぎ】

8　８代将軍は○○○○○○○○である。（イラスト２の人物）

9　８代将軍は京都の東山《ひがしやま》に庭園《ていえん》の美しい○○○○○というお寺を建てた。

10　この時代，たたみや障子《しょうじ》，ふすまなどを使った，○○○○○○○という建築様式《けんちくようしき》が完成した。【よこ９】のお寺もこのつくりを取り入れている。

11　【たて６】の画家が墨《すみ》で描く作品を○○○○○という。

12　この時代には武士や貴族を中心に○○○○がさかんになった。（今の茶道《さどう》）

キーワード

A	B	C	D	E ゛	F		G	H	I	J ゛		K	L
						に					ぶ		

イラスト１

イラスト２

【たてのかぎ】　1 むろまちばくふ（室町幕府）　2 あしかがたかうじ（足利尊氏）　3 あしかがよしみつ（足利義満）　4 みん（明）　5 きんかくじ（金閣寺）　6 せっしゅう（雪舟）　7 いけばな（生け花）
【よこのかぎ】　8 あしかがよしまさ（足利義政）　9 ぎんかくじ（銀閣寺）　10 しょいんづくり（書院造）　11 すいぼくが（水墨画）　12 ちゃのゆ（茶の湯）
【キーワード】　いまのじだいにうけつぐぶんか（今の時代に受け継ぐ文化）

6年生編＜歴史＞

68 室町時代クロスワード②

名前（　　　　　　　　　　　　）

【たてのかぎ】

1　農村では農民が○○○を改良《かいりょう》したりして生産力を高めてきた。（ヒント…くわ・水車）

2　農村では農民が作物の○○○○○○○○○をしたりして生産力を高めてきた。（ヒント…５年の農業でも学習した）

3　農民の間で，祭りのときに演《えん》じられていたのは○○○○である。

4　【たて３】や【よこ５】は【よこ１】や○○○○○に発展し，今でも演じられている。

【よこのかぎ】

1　【たて３】や【よこ５】は○○や【たて４】に発展し，今でも演じられている。（ヒント…イラストのお面を使う）

5　農民の間で，田植えのときに豊作《ほうさく》をいのっておどられたのは○○○○である。

6　地域の祭りや○○○○○がさかんに行われるようになったのもこの時代である。（ヒント…夏の夜にやる。）

7　このころから地域の気候《きこう》や特性《とくせい》を生かした○○○○○○が生産され始めた。

8　農民たちは重い年貢《ねんぐ》に反対して領主《りょうしゅ》に抵抗《ていこう》するようになった。このことを○○○という。

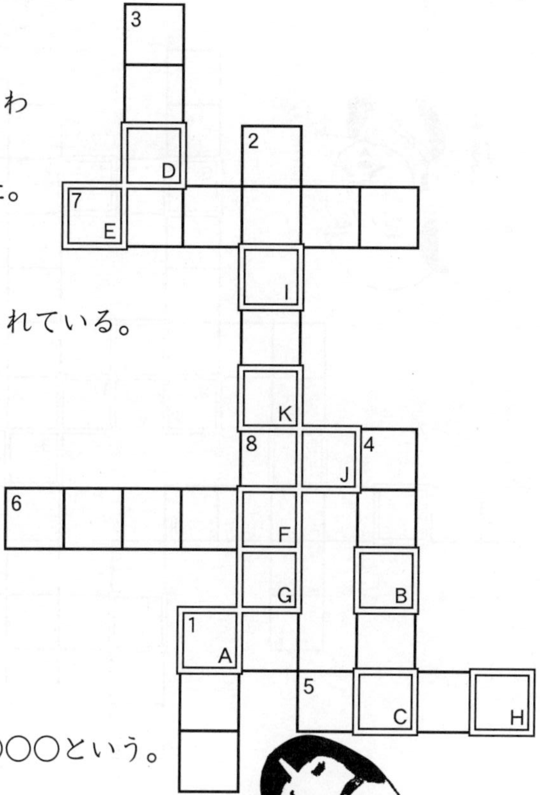

キーワード

A	B		C	D	E	F	G	H	I			J	K
		み			゛					た	け		

【たてのかぎ】　1 のうぐ（農具）　2 ひんしゅかいりょう（品種改良）　3 さるがく（猿楽）　4 きょうげん（狂言）
【よこのかぎ】　1 のう（能）　5 でんがく（田楽）　6 ぼんおどり（盆踊り）　7 とくさんぶつ（特産物）　8 いっき（一揆）
【キーワード】　のうみんがどりょくしたけっか（農民が努力した結果）

6年生編＜歴史＞

69 戦国時代クロスワード①

名前（　　　　　　　　　　）

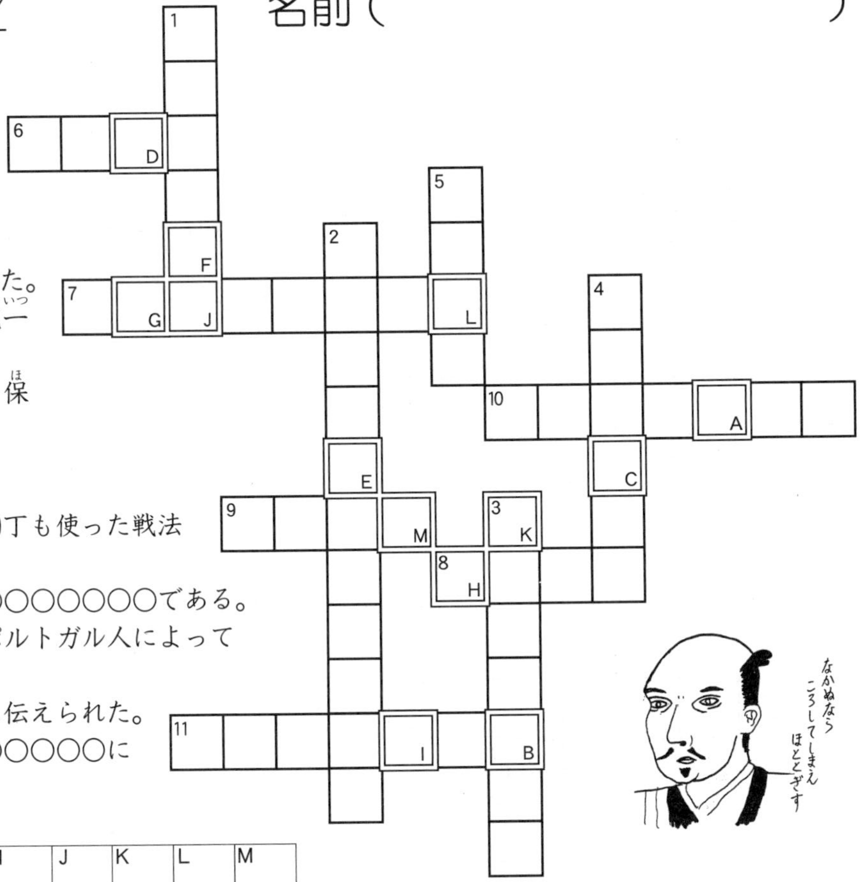

【たてのかぎ】

1　イラストの人物は○○○○○○である。

2　この人物は室町幕府を倒し，対立する○○○○○○○○○○○を焼きうちにした。（ヒント…お寺の名前）

3　この人物は，各地で勢いを増していた○○○○○○○（一向宗《いっこうしゅう》を信仰《しんこう》する人々の起こした一揆）をせめほろぼした。

4　この人物は琵琶湖《びわこ》の近くに○○○○○○を築《きず》いて全国統一《ぜんこくとういつ》の拠点《きょてん》とした。

5　この人物は商人《しょうにん》に営業《えいぎょう》の自由を認めたり，○○○○教を保《ほ》護《ご》して教会や学校を建てることを許した。

【よこのかぎ】

6　この人物は甲斐《かい》（山梨）の武田軍の騎馬隊《きばたい》を鉄砲《てっぽう》を3000丁も使った戦法でうちやぶった。この戦いを○○○○の戦いという。

7　この人物が【よこ6】の戦いで一緒に組んだ人物は○○○○○○○○○である。

8　○○○○は1543年，種子島《たねがしま》（鹿児島県）に流れ着いたポルトガル人によって日本につたえられた。

9　キリスト教はスペインの宣教師《せんきょうし》○○○○によって日本に伝えられた。

10　1582年，この人物は，全国統一する前に，家来《けらい》の○○○○○○○○にせめられ命を落とした。

11　この時代を○○○○○○○という。

キーワード

A	B	C	D	E	F	G		H	I	J	K	L	M
							し						

【たてのかぎ】　1 おだのぶなが（織田信長）　2 ひえいざんえんりゃくじ（比叡山延暦寺）　3 いっこういっき（一向一揆）　4 あづちじょう（安土城）　5 きりすと（キリスト）
【よこのかぎ】　6 ながしの（長篠）　7 とくがわいえやす（徳川家康）　8 てっぽう（鉄砲）　9 ざびえる（ザビエル）　10 あけちみつひで（明智光秀）　11 せんごくじだい（戦国時代）
【キーワード】　ついじしんなくしてじがいする（つい自信なくして自害する）

6年生編＜歴史＞

70 戦国時代クロスワード②

名前（　　　　　　　　　　）

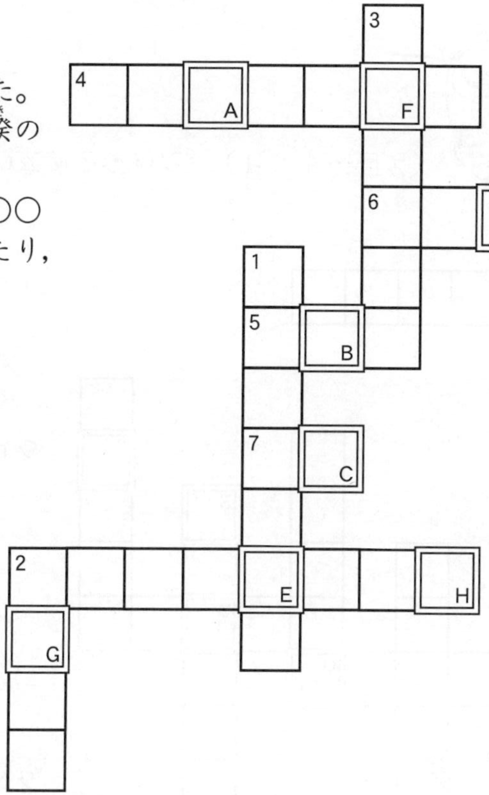

【たてのかぎ】

1　イラストの人物は織田信長を暗殺《あんさつ》した○○○○○○○を倒した。

2　その後，イラストの人物は８年で全国の大名を従え，一向一揆《いっこういっき》の勢力《せいりょく》もおさえ，全国を○○○○した。

3　イラストの人物の政治－武士や町人（職人《しょくにん》・商人《しょうにん》）を○○○○○○に住まわせ，村に住む人々（農民など）には田畑を捨てたり，武士や町人になることを禁止した。

【よこのかぎ】

2　イラストの人物は○○○○○○○○○である。

4　イラストの人物は○○○○○○○○を築《きず》いて政治の拠点《きょてん》とした。

5　イラストの人物の政治－家来《けらい》を全国に派遣《はけん》し全国どこでも同じものさしで田畑《たはた》の面積を測った。さらに，土地の良しあしや収穫高《しゅうかくだか》，耕《たがや》している農民の名前を記録し，決まった年貢《ねんぐ》を確実におさめさせようとした。これを○○○という。

6　イラストの人物の政治－農民が一揆《いっき》を起こさないように，刀や鉄砲《てっぽう》などの武器を取り上げた。これを○○○○○（令）という。

7　イラストの人物は○○（今の中国）を征服《せいふく》しようと考え，２度にわたって朝鮮《ちょうせん》に大軍《たいぐん》を送ってせめこんだ。

キーワード

A ゛	B	ね	C	D	E ゛	F	G	H

【たてのかぎ】　1 あけちみつひで（明智光秀）　2 とういつ（統一）　3 じょうかまち（城下町）

【よこのかぎ】　2 とよとみひでよし（豊臣秀吉）　4 おおさかじょう（大阪城）　5 けんち（検地）　6 かたながり（刀狩）　7 みん（明）

【キーワード】　ざんねんなびょうし（残念な病死）

6年生編＜歴史＞

71 戦国時代クロスワード③

名前（　　　　　　　　　　）

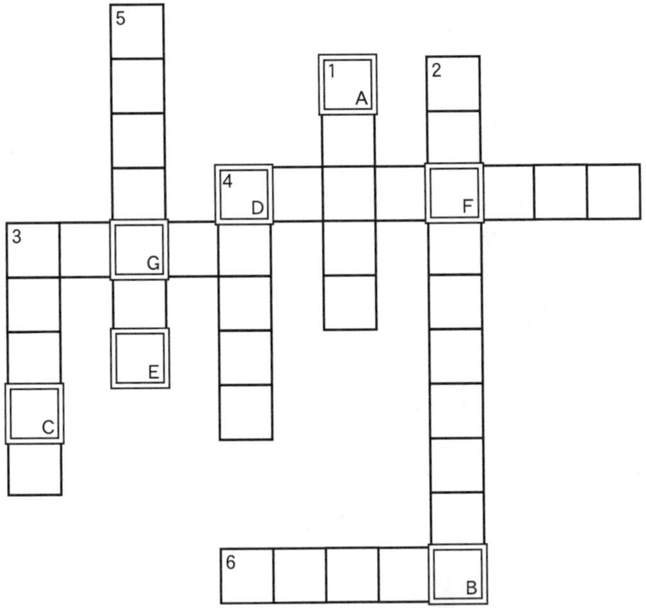

【たてのかぎ】

1　イラストの人物は秀吉《ひでよし》の死後，〇〇〇〇〇の戦いで対立する大名たちを破り，全国の大名を従《したが》えた。

2　1603年，イラストの人物は〇〇〇〇〇〇〇〇〇〇〇となり，江戸に幕府を開いた。

3　イラストの人物が開いた幕府を〇〇〇〇〇という。

4　江戸とは今の〇〇〇〇〇である。

5　さらに，イラストの人物は〇〇〇〇〇〇〇をせめて豊臣《とよとみ》氏《し》をほろぼした。

【よこのかぎ】

3　イラストの人物は〇〇〇〇〇を築《きず》いて政治の拠点《きょてん》とした。

4　イラストの人物は〇〇〇〇〇〇〇〇である。

6　イラストの人物は外国との貿易をさかんにし，〇〇〇〇〇との交流を深めた。（ヒント…国名）

キーワード

A ゛	B		C	D	E	F		G	
		こ					つ		や

【たてのかぎ】　1　せきがはら（関が原）　2　せいいたいしょうぐん（征夷大将軍）　3　えどばくふ（江戸幕府）　4　とうきょう（東京）　5　おおさかじょう（大阪城）
【よこのかぎ】　3　えどじょう（江戸城）　4　とくがわいえやす（徳川家康）　6　ちょうせん（朝鮮）
【キーワード】　ぜんこくとういつじゃ（全国統一じゃ）

72 江戸時代クロスワード①

名前（　　　　　　　　）

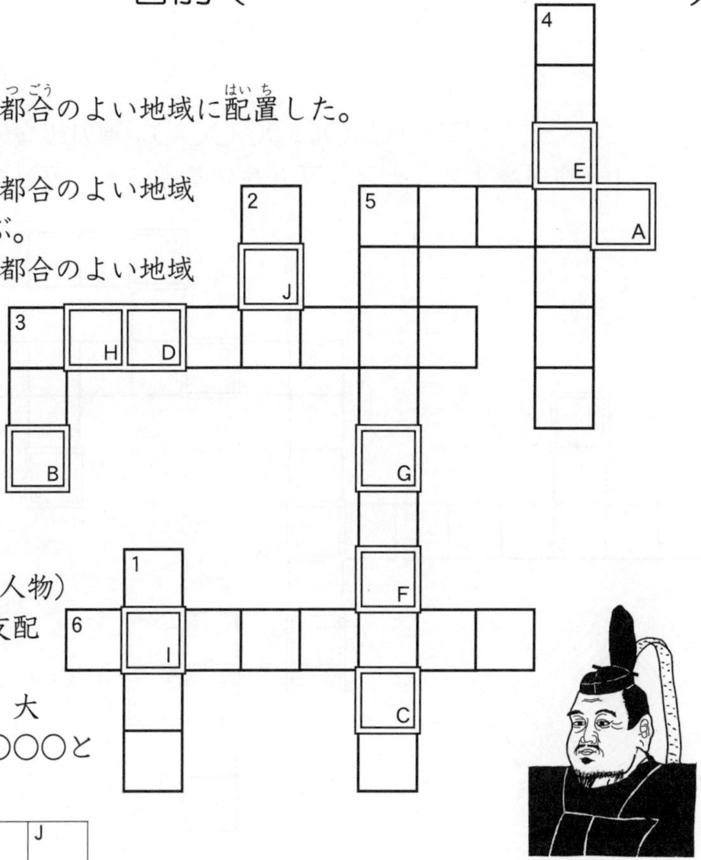

【たてのかぎ】

1　江戸幕府は全国200以上の大名を大きく３つに区別し，幕府の都合《つごう》のよい地域に配置《はいち》した。徳川家の親類《しんるい》の大名を○○○○とよぶ。

2　江戸幕府は全国200以上の大名を大きく３つに区別し，幕府の都合のよい地域に配置した。古くから徳川家に従《したが》った家臣《かしん》の大名を○○○とよぶ。

3　江戸幕府は全国200以上の大名を大きく３つに区別し，幕府の都合のよい地域に配置した。関が原の戦いのあとで徳川家に従った大名を○○○とよぶ。この大名が江戸から一番遠くに配置された。

4　江戸幕府は○○○○○○○というきまりを定めて，これにそむいた大名には罰《ばつ》をあたえた。

5　【よこ６】の制度《せいど》のために大名が江戸へ向かって移動する長い行列《ぎょうれつ》を○○○○○○○○○○○という。

【よこのかぎ】

3　この時代の３代将軍は○○○○○○○○○である。（イラストの人物）

5　３代将軍の時代に，江戸幕府が強い力で全国の○○○○○を支配するしくみを完成させた。

6　江戸幕府は，大名の妻や子どもを人質として江戸に住まわせ，大名を１年おきに江戸に来させ勤《つと》めをさせた。これを○○○○○○○○○という。

キーワード

A	B	C		D			E	F	G	H	I	J
			な		ら	の				゛		

【たてのかぎ】　1　しんぱん（親藩）　2　ふだい（譜代）　3　とざま（外様）　4　ぶけしょはっと（武家諸法度）　5　だいみょうぎょうれつ（大名行列）
【よこのかぎ】　3　とくがわいえみつ（徳川家光）　5　だいみょう（大名）　6　さんきんこうたい（参勤交代）
【キーワード】　うまれながらのしょうぐんだ（生まれながらの将軍だ）

6年生編＜歴史＞

73 江戸時代クロスワード②

名前（　　　　　　　　）

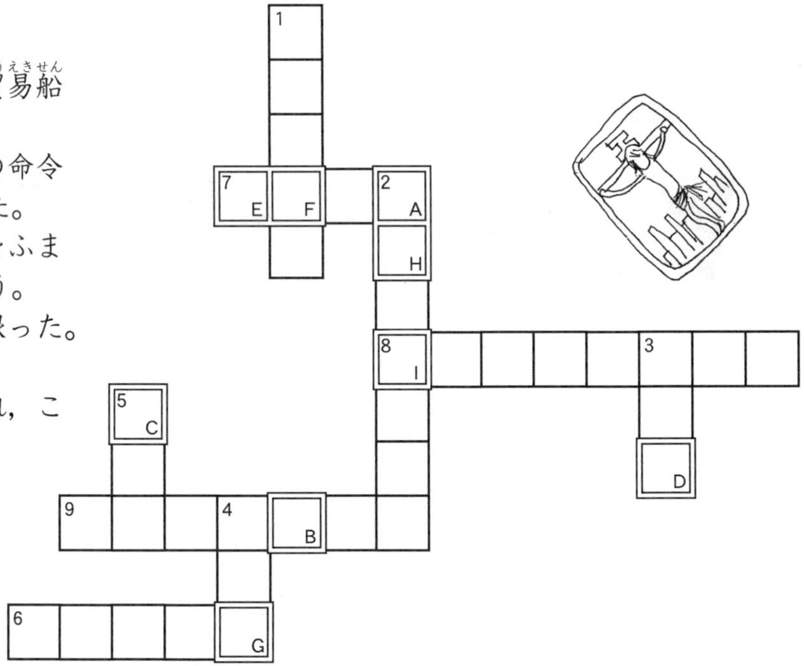

【たてのかぎ】

1　江戸時代の初めのころは，スペインや○○○○○の貿易船《ぼうえきせん》がさかんに日本にやってきた。

2　江戸幕府は○○○○○○○信者《しんじゃ》たちが団結《だんけつ》して幕府の命令をきかなくなることをおそれ，○○○○○○○を禁止した。

3　幕府はキリスト教を取りしまるためにキリストの像《ぞう》をふませることをして信者かどうか調べた。これを○○○という。

4　幕府は貿易の相手をキリスト教を広めない国だけに限った。貿易港《ぼうえきこう》も一箇所とした。これを○○○という。

5　長崎の港には○○○とよばれるうめたて地がつくられ，ここでオランダと貿易を行った。

【よこのかぎ】

6　【たて４】のキリスト教を広めない国とはオランダと○○○○○である。

7　【たて４】でただ一つの貿易港は○○○○だった。

8　このころの将軍は○○○○○○○○である。

9　1637年，島原《しまばら》（長崎県）や天草《あまくさ》（熊本県）で３万人あまりの農民が，重い年貢《ねんぐ》の取り立てとキリスト教の取りしまりに反対して一揆を起こした。この時，中心になって幕府と戦ったのが16歳の○○○○○○○であった。

キーワード

A		B	C	D		E	F		G	H	I
	ん				ん			っ			

【たてのかぎ】　1 ぽるとがる（ポルトガル）　2 きりすときょう（キリスト教）　3 えふみ（絵ふみ）　4 さこく（鎖国）　5 でじま（出島）

【よこのかぎ】　6 ちゅうごく（中国）　7 ながさき（長崎）　8 とくがわいえみつ（徳川家光）　9 あまくさしろう（天草四郎）

【キーワード】　きんしでみんながっくりと（禁止でみんながっくりと）

6年生編＜歴史＞

74 江戸時代クロスワード③

名前（　　　　　　　　　　）

【たてのかぎ】

1　江戸幕府のもとでは○○が世の中を支配《しはい》する高い身分とされた。

2　【たて1】は○○○○を名のったり，刀を差したりする特権《とっけん》を認められた。

3　村に住む○○○○（百姓《ひゃくしょう》）は武士の下の身分《みぶん》とされた。
人口の84％が○○○○だった。

4　大工《だいく》などの○○○○○○も武士の下の身分とされた。

5　酒屋《さかや》などの○○○○○○も武士の下の身分とされた。

【よこのかぎ】

6　【たて4】や【たて5】の人々を○○○○○という。

7　このころ○○○○の地位《ちい》を男性よりも低いものとみなす考え方が強まった。

8　幕府は，村に住む人々に対して，年貢《ねんぐ》を納《おさ》められない者や罪をおかす者が出ると共同で責任を負わせるようにした。これを○○○○○という。

9　この時代の身分制度《みぶんせいど》を○○○○○○○○○という。

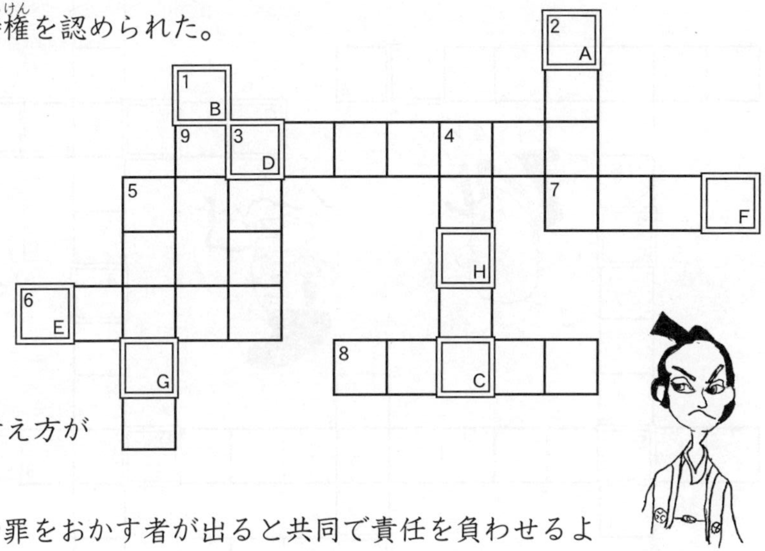

キーワード

A	B	C	D	E		F	G		H
					が			な	

【たてのかぎ】　1 ぶし（武士）　2 みょうじ（苗字）　3 のうみん（農民）　4 しょくにん（職人）　5 しょうにん（商人）
【よこのかぎ】　6 ちょうにん（町人）　7 じょせい（女性）　8 ごにんぐみ（五人組）　9 しのうこうしょう（士農工商）
【キーワード】　みぶんのちがいになく（身分の違いに泣く）

6年生編＜歴史＞

75 江戸時代クロスワード④

名前（　　　　　　　　　　　　　　）

【たてのかぎ】

1　大阪には年貢米《ねんぐまい》が集められ，商人によって売り買いされた。全国の生産物《せいさんぶつ》が取り引きされる大阪は〇〇〇〇〇〇〇〇〇とよばれた。

2　江戸は〇〇〇〇〇〇〇〇〇〇〇〇とよばれ，人口が100万人を超える大都市に発展した。

3　江戸や大阪などの大都市では人々が〇〇〇や人形しばいを楽しむようになった。（ヒント…日本の伝統芸能）

4　三井高利《みついたかとし》がおこした呉服屋《ごふくや》を〇〇〇〇という。

【よこのかぎ】

5　「曾根崎心中《そねざきしんじゅう》」などしばいの脚本《きゃくほん》をたくさん書いたのは〇〇〇〇〇〇〇〇〇〇〇である。（イラスト１の人物）

6　版画技術《はんがぎじゅつ》が発達し，多色刷《たしょくず》りの版画作品がたくさん作られた。これを〇〇〇〇という。

7　【よこ６】の版画作品で有名な人物は〇〇〇〇〇〇〇〇〇である。（イラスト２の人物）

8　【よこ７】の人物の代表作には日本各地の名所を美しく描いた〇〇〇〇〇〇〇〇〇〇〇〇〇〇〇〇がある。

キーワード

A	B	C	D	E	F	G	H	I	゛

【たてのかぎ】　1 てんかのだいどころ（天下の台所）　2 しょうぐんのおひざもと（将軍のおひざもと）　3 かぶき（歌舞伎）　4 えちごや（越後屋）
【よこのかぎ】　5 ちかまつもんざえもん（近松門左衛門）　6 うきよえ（浮世絵）　7 うたがわひろしげ（歌川広重）　8 とうかいどうごじゅうさんつぎ（東海道五十三次）
【キーワード】　えいえんのぶんかだ（永遠の文化だ）

6年生編<歴史>

76 江戸時代クロスワード⑤

名前（　　　　　　　　　　）

【たてのかぎ】

1　江戸時代には米の生産を増やすために○○○○の開発がさかんに行われた。

2　「○○○○○ぐわ」などの新しい農具が普及《ふきゅう》した。

3　稲穂《いなほ》から米をとる「○○○○○」なども普及した。

4　○○○○の工夫も広まった。（ヒント…牛フン）

【よこのかぎ】

4　生産力が向上し，力をつけた農民たちが，自分たちの暮らしを守るために年貢《ねんぐ》の引き下げや，悪い役人をやめさせることなどを求めて，団結《だんけつ》して立ち上がることを○○○○○○○○○○という。

5　農民たちは，増えた耕地《こうち》を利用して，米のほか，綿花《めんか》やなたね，茶，みかんなどの作物を育て，○○○○にかえた。（ヒント…お金のこと）

6　役人や大商人が，ききんで苦しんでいる人々を救わないことに抗議《こうぎ》して大阪で打ちこわしなどの乱を起こした人物は○○○○○○○○○○○である。（イラストの人物）

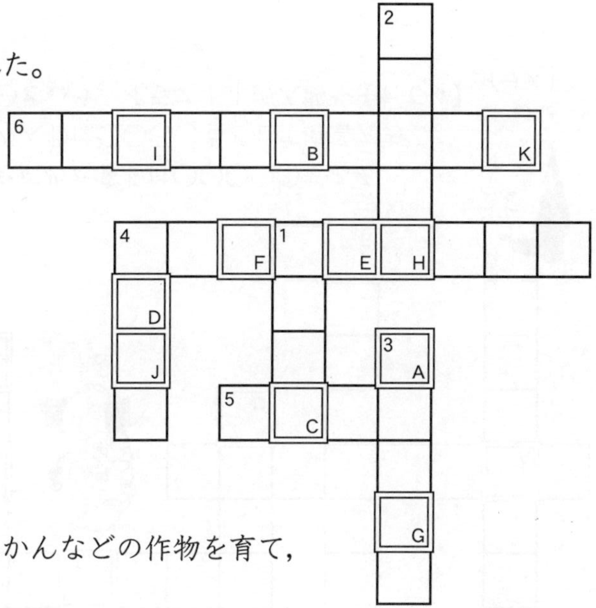

キーワード

A	B		C	D	E	F	G	H	I	J	K
		さ							゛		

【たてのかぎ】 1 しんでん（新田） 2 びっちゅう（備中） 3 せんばこき（千歯こき） 4 ひりょう（肥料）
【よこのかぎ】 4 ひゃくしょういっき（百姓一揆） 5 げんきん（現金） 6 おおしおへいはちろう（大塩平八郎）
【キーワード】 せいさんりょくこうじょう（生産力向上）

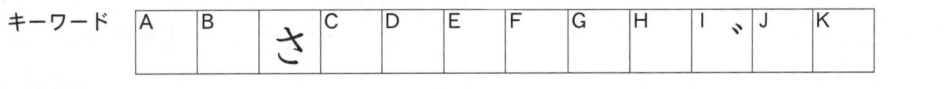

6年生編<歴史>

77 江戸時代クロスワード⑥

名前（　　　　　　　　　　）

イラスト１

イラスト２

【たてのかぎ】

1　イラスト１の人物は○○○○○○○である。

2　イラスト２の人物は○○○○○○○○○である。

3　17年間にわたって全国各地を測量《そくりょう》し，正確な日本地図を完成させた人物は○○○○○○○である。

4　外国の動きや実力を知り，外国の勢力《せいりょく》を退《しりぞ》けようとする幕府の政策《せいさく》を批判《ひはん》した人物は○○○○○○○○○である。

5　江戸時代，武士や僧，医者などが先生になって農民や町人の子どもに読み書きそろばんを教える○○○○が各地に作られた。

【よこのかぎ】

6　イラスト１の人物がオランダの医学書《いがくしょ》「ターヘル＝アナトミア」を日本語に訳《やく》した医学書を○○○○○○○○という。

7　イラスト１の人物とともに「ターヘル＝アナトミア」を日本語に訳した人物は○○○○○○○○○である。

8　イラスト２の人物が35年間かけて完成させた「日本古来の文化を見直す考え」を広めた書物は○○○○○である。

9　古くからの日本人の考え方を知ろうとする学問を○○○○という。イラスト２の人物は○○○○者として有名である。

10　オランダ語の書物を通してヨーロッパの医学《いがく》や地理学《ちりがく》などを学ぶ学問を○○○○という。イラスト１の人物や【たて４】の人物は○○○○者として有名である。

キーワード

あ	A	B	C	D	E	F	G	H

【たてのかぎ】　1 すぎたげんぱく（杉田玄白）　2 もとおりのりなが（本居宣長）　3 いのうただたか（伊能忠敬）　4 たかのちょうえい（高野長英）　5 てらこや（寺子屋）
【よこのかぎ】　6 かいたいしんしょ（解体新書）　7 まえのりょうたく（前野良沢）　8 こじきでん（古事記伝）　9 こくがく（国学）　10 らんがく（蘭学）
【キーワード】　あたらしいがくもん（新しい学問）

6年生編＜歴史＞

78 江戸時代クロスワード⑦

名前（　　　　　　　　　　）

【たてのかぎ】

1　1853年，４せきの○○○○が浦賀《うらが》（神奈川県）おきに現れた。

2　イラストの人物は日本に○○○○を要求した。

3　イラストの人物はアメリカの○○○○○○○○の手紙を日本にわたした。

4　1854年，再び，イラストの人物は日本にやってきた。幕府は要求を受け入れ，○○○○○○○○○○○○○を結んだ。

5　【たて４】により，静岡県の下田《しもだ》と北海道の○○○○の２港を開いた。

【よこのかぎ】

6　1858年に幕府は○○○○○○○○○○○○○○○○○○○○を結び，横浜《よこはま》や長崎《ながさき》などでの貿易を認めた。

7　約200年間続いた○○○がこうして終わった。

8　日本が結んだ条約《じょうやく》では，日本にいる外国人が罪をおかしても日本の○○○○で裁判《さいばん》することができなかった。

9　日本が結んだ条約では，輸出入品《ゆしゅつにゅうひん》に自由に○○をかけることができなかった。

10　日本が結んだ条約は日本にとって不利な○○○○○○○○○○○○であった。

11　イラストの人物は○○○である。

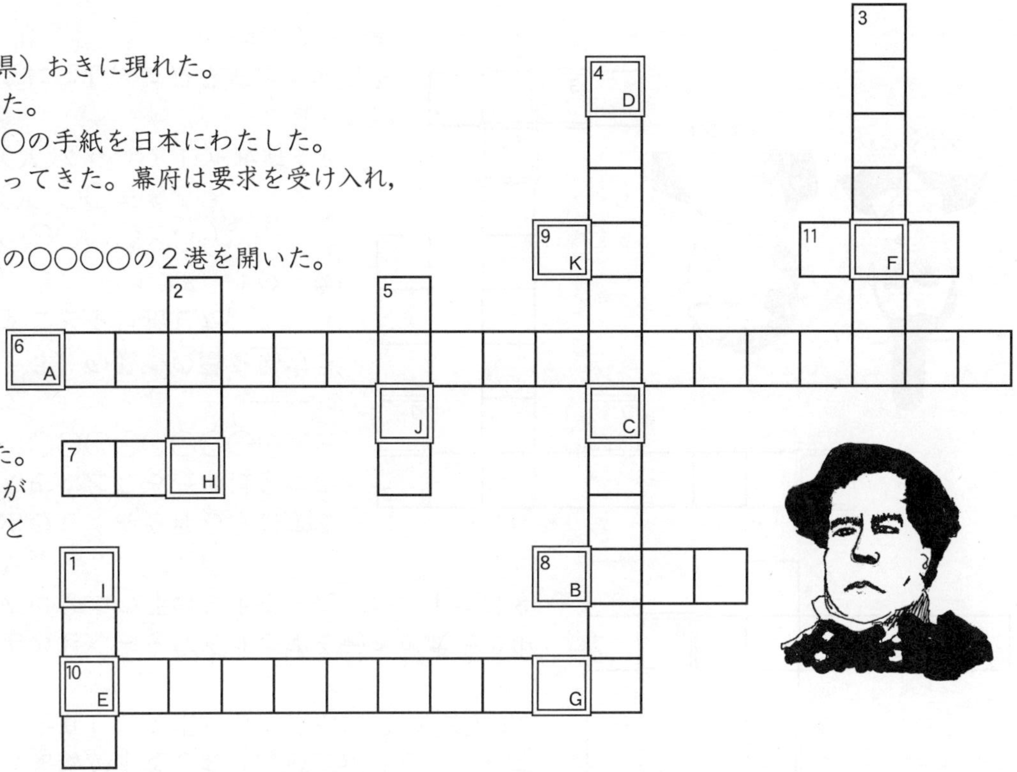

キーワード

A	B	C	D	E	F		G	H		I	J	K
						な			そ			

【たてのかぎ】　1 くろふね（黒船）　2 かいこく（開国）　3 だいとうりょう（大統領）　4 にちべいわしんじょうやく（日米和親条約）　5 はこだて（函館）
【よこのかぎ】　6 にちべいしゅうこうつうしょうじょうやく（日米修好通商条約）　7 さこく（鎖国）　8 ほうりつ（法律）　9 ぜい（税）　10 ふびょうどうじょうやく（不平等条約）　11 ぺりい（ペリー）
【キーワード】　にほんにふりなやくそくだぜ（日本に不利な約束だぜ）

6年生編＜歴史＞

79 江戸時代クロスワード⑧

名前（　　　　　　　　　　　　）

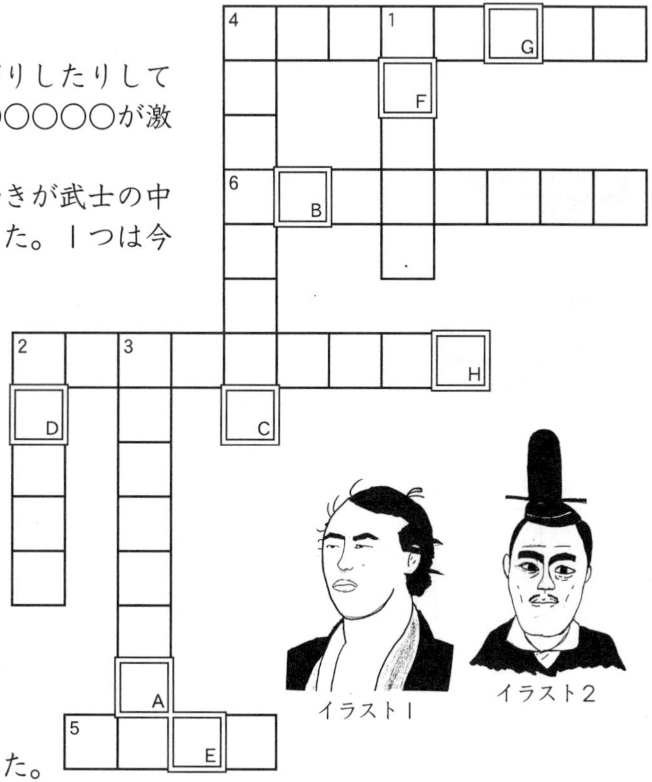

【たてのかぎ】

1　開国後，外国との貿易が始まると国内の品物が不足したり，値上がりしたりして人々の生活を苦しめた。そのため各地で「世直《よなお》し」を求める一揆《いっき》や○○○○○が激しくなった。

2　力がおとろえた幕府にかわる新しい政治のしくみを作ろうとする動きが武士の中でも強まった。この運動の中心となったのは2つの藩《はん》の武士たちだった。1つは今の鹿児島県の○○○○○の武士たちだった。

3　力がおとろえた幕府にかわる新しい政治のしくみを作ろうとする動きが武士の中でも強まった。この運動の中心となったのは2つの藩の武士たちだった。1つは今の山口県の○○○○○○○○の武士たちだった。

4　土佐藩《とさはん》の○○○○○○○○が**【たて2・3】**の2つの藩を協力させて同盟《どうめい》を結ばせ，協力して幕府をたおすことを目指した。

（イラスト1の人物）

【よこのかぎ】

2　**【たて4】**で結ばれた同盟を○○○○○○○○○という。

4　**【たて2】**の藩のリーダーは○○○○○○○○である。

5　幕府をたおそうとした武士たちは○○○○を中心とした政府を作ることを目的とした。

6　15代将軍○○○○○○○○が政権《せいけん》を天皇に返し，江戸幕府はたおれた。

（イラスト2の人物）

キーワード

A ゛	B	C	D	E	F	G	H

【たてのかぎ】　1 うちこわし（打ちこわし）　2 さつまはん（薩摩藩）　3 ちょうしゅうはん（長州藩）　4 さかもとりょうま（坂本竜馬）

【よこのかぎ】　2 さっちょうどうめい（薩長同盟）　4 さいごうたかもり（西郷隆盛）　5 てんのう（天皇）　6 とくがわよしのぶ（徳川慶喜）

【キーワード】　ばくまつのちかい（幕末の誓い）

6年生編＜歴史＞

80 明治時代クロスワード①

名前（　　　　　　　　　　　）

【たてのかぎ】

1　1868（明治元）年，江戸幕府にかわって天皇を中心とした政府が作られ，政治の方針《ほうしん》を示した○○○○○○○○○○○が発表された。

2　新政府は江戸を○○○○○と改めて首都《しゅと》に定めた。年《ねん》号《ごう》も明治とした。

3　幕府を倒すために活躍した薩摩藩《さつまはん》（鹿児島県）の○○○○○○○○が政治や社会の改革を進めていった。
（イラスト１の人物）

4　幕府を倒すために活躍した薩摩藩（鹿児島県）の○○○○○○○○が政治や社会の改革を進めていった。
（イラスト２の人物）

5　幕府を倒すために活躍した長州藩《ちょうしゅうはん》（山口県）の○○○○○○が政治や社会の改革を進めていった。
（イラスト３の人物）

6　○○○○○○○を中心とした使節団《しせつだん》はアメリカやヨーロッパを訪れ，政治のしくみや産業の様子を学んだ。

【よこのかぎ】

7　新政府は藩《はん》を廃止《はいし》して県を置き，各県に政府の役人を送りこんだ。これで大名は力を失い，武士も生活のよりどころをなくした。これを○○○○○○○という。

8　新政府はこれまでのきびしい身分制度《みぶんせいど》を改めて，皇族《こうぞく》，華族《かぞく》，士族《しぞく》，平民《へいみん》の○○○○○○○○○とした。

9　このような政治や社会の改革を○○○○○○という。

キーワード

A	B	C	D	E	F	G	H	I	J

【たてのかぎ】　1　ごかじょうのごせいもん（五か条の御誓文）　2　とうきょう（東京）　3　さいごうたかもり（西郷隆盛）　4　おおくぼとしみち（大久保利通）
5　きどたかよし（木戸孝允）　6　いわくらともみ（岩倉具視）

【よこのかぎ】　7　はいはんちけん（廃藩置県）　8　しみんびょうどう（四民平等）　9　めいじいしん（明治維新）　【キーワード】　うわさのしんせいじよ（噂の新政治よ）

6年生編<歴史>

81 明治時代クロスワード②

名前（　　　　　　　　　　）

【たてのかぎ】

1　政府は武士の軍隊にかえて，国民中心の軍隊を作るために，20才になった男子すべてに兵役《へいえき》の義務《ぎむ》を定《さだ》めた○○○○○○○を出した。

2　政府は近代的《きんだいてき》な産業《さんぎょう》をおこすために，国の費用《ひよう》で外国から機械を買い入れ，製糸場《せいしじょう》や兵器工場《へいきこうじょう》などの○○○○○○○○○をつくった。

3　政府は高い給料《きゅうりょう》をはらって○○○○から技術者《ぎじゅつしゃ》や学者を招《まね》き，進んだ技術や知識を教わった。（ブリューナやモースなど）

【よこのかぎ】

1　政府は国の収入を安定させるため，これまでの年貢《ねんぐ》にかわって土地の価格《かかく》に応《おう》じた○○という税金を取ることにした。

4　近代的《きんだいてき》な製糸場《せいしじょう》として1872（明治5）年に建てられたのが○○○○○○○○○○○である。

5　この時代の「軍隊を整備して強い国に」する政府の方針を○○○○○○○○という。（ヒント…四字熟語）

6　この時代の「工業をさかんにして国を豊かに」する政府の方針を○○○○○○○○○○という。（ヒント…四字熟語）

7　政府は国の制度《せいど》を整え，国力をつけて○○○○に負けない国をつくることを目ざしていた。（ヒント…「外国」ではない）

キーワード

A	B	C	D	E	F	G	H	I

【たてのかぎ】　1 ちょうへいれい（徴兵令）　2 かんえいこうじょう（官営工場）　3 がいこく（外国）
【よこのかぎ】　1 ちそ（地租）　4 とみおかせいしじょう（富岡製糸場）　5 ふこくきょうへい（富国強兵）　6 しょくさんこうぎょう（殖産興業）　7 せいよう（西洋）
【キーワード】　ちょうしよくいこう（調子よく行こう）

6年生編＜歴史＞

82 明治時代クロスワード③

名前（　　　　　　　　　　　　）

【たてのかぎ】

1　明治時代になると西洋ふうの暮らしが広がり，これまでの着物から○○○○を着る人や西洋ふうの髪型《かみがた》にする人が増えた。

2　食生活でもパンや○○○○○を食べるようになった。（ヒント…牛の肉）

3　政府は学問を重視《じゅうし》し，全国にたくさんの○○○○○○○○を作った。

4　1870（明治３）年には日刊《にっかん》の○○○○が発行《はっこう》された。

5　1870（明治３）年に○○○○○○○の営業《えいぎょう》が始まる。（ヒント…今でいうタクシー）

【よこのかぎ】

6　1871（明治４）年には○○○○制度《せいど》が始まる。（ヒント…〒）

7　1872（明治５）年には○○○○が開通《かいつう》する。（ヒント…線路）

8　1876（明治９）年には○○○○○が休日になる。

9　1890（明治23）年には○○○が開通する。（ヒント…もしもし）

10　この時代のこのような文化の変化を○○○○○○○○という。（ヒント…ザン切り頭をたたいてみれば，○○○○○○○○の音がする。）

11　学問をすることで身を立てていくべきだと主張し「学問のすゝめ」を書いたのは○○○○○○○○である。（イラストの人物）

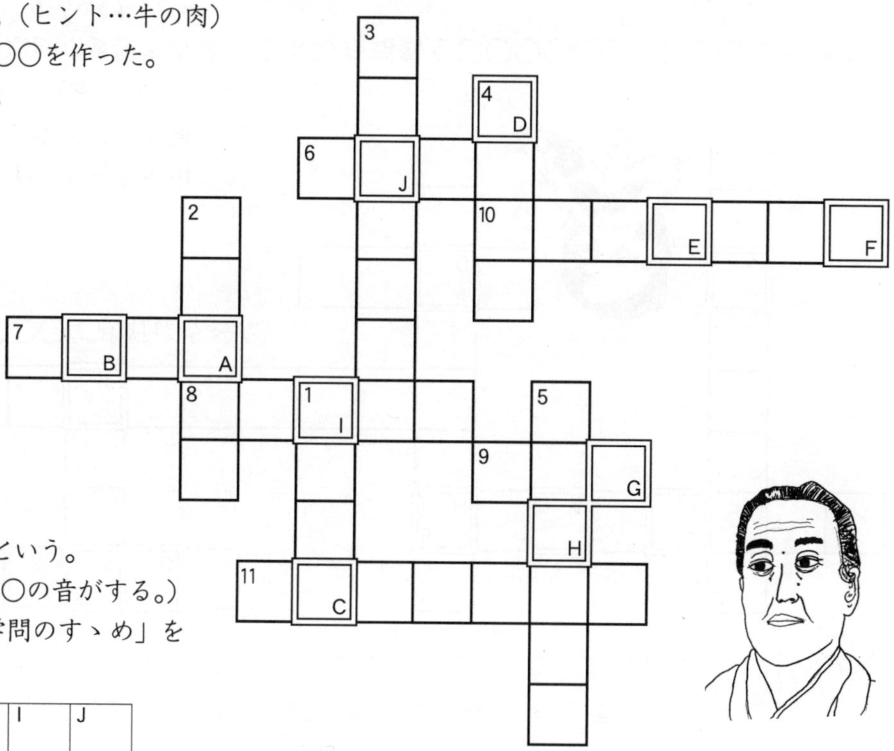

キーワード

A	B	C	D	E	F	G	H	I	J

【たてのかぎ】　1 ようふく（洋服）　2 ぎゅうにく（牛肉）　3 しょうがっこう（小学校）　4 しんぶん（新聞）　5 じんりきしゃ（人力車）

【よこのかぎ】　6 ゆうびん（郵便）　7 てつどう（鉄道）　8 にちようび（日曜日）　9 でんわ（電話）　10 ぶんめいかいか（文明開化）　11 ふくざわゆきち（福沢諭吉）

【キーワード】　うつくしいかわりよう（美しい変わりよう）

6年生編＜歴史＞

83 明治時代クロスワード④

名前（　　　　　　　　　　　）

キーワード

A	B	C	D	E	F	G	H	I	゛	J

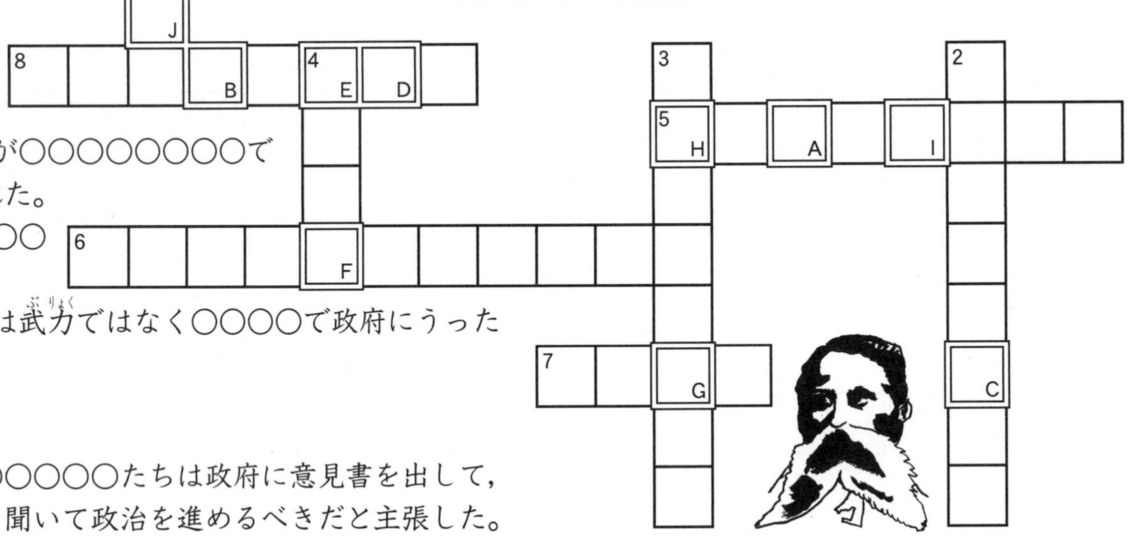

【たてのかぎ】

1　社会のしくみが大きく変わる中で，政府の改革《かいかく》に不満を持つ○○○が各地で反乱《はんらん》をおこした。

2　**【たて１】**の中で最大の反乱が○○○○○○○○○である。政府の軍隊《ぐんたい》におさえられた。

3　**【たて２】**の指導者は○○○○○○○○である。

4　**【たて２】**の戦争以降，人々は武力《ぶりょく》ではなく○○○○で政府にうったえるようになった。

【よこのかぎ】

5　1874（明治７）年に○○○○○○○○○たちは政府に意見書を出して，国会を開き，広く国民の意見を聞いて政治を進めるべきだと主張した。
（イラストの人物）

6　この時代，**【よこ５】**のように，国民の自由や政治に参加する権利《けんり》を求めた運動を○○○○○○○○○○○○という。政府はこの運動をおさえようとしたが運動は全国に広がった。

7　政府は，1890年に○○○○を開くことを約束した。

8　国会の開設《かいせつ》に備え，○○○○○○○○○は政党《せいとう》をつくった。（立憲改進党《りっけんかいしんとう》をつくった。）

【たてのかぎ】　1 しぞく（士族）　2 せいなんせんそう（西南戦争）　3 さいごうたかもり（西郷隆盛）　4 げんろん（言論）
【よこのかぎ】　5 いたがきたいすけ（板垣退助）　6 じゆうみんけんうんどう（自由民権運動）　7 こっかい（国会）　8 おおくましげのぶ（大隈重信）
【キーワード】　がまんのげんかいだぞ（我慢の限界だぞ）

6年生編＜歴史＞

84 明治時代クロスワード⑤

名前（　　　　　　　　　　　　）

【たてのかぎ】

1　政府は○○○○○○○（イラスト１の人物）を中心に，憲法づくりを進めた。

2　1889（明治22）年，憲法が発布された。この憲法を○○○○○○○○○○○○○○○という。

3　この憲法は皇帝《こうてい》の権限《けんげん》の強い○○○の憲法を参考にしてつくられた。

4　この憲法は，○○○○○○○（イラスト２の人物）が国民にあたえるという形で発布された。

【よこのかぎ】

5　この憲法では主権は○○○○にあり，大臣《だいじん》を任命《にんめい》し，軍隊を統率《とうそつ》し，戦争を宣言することができた。

6　1890（明治23）年には，天皇中心の国づくりを支える教育の進め方が示された○○○○○○○○○○が発布された。

7　1890（明治23）年，新憲法にもとづいた最初の選挙が行われ，第１回の○○○○が開かれた。

8　選挙権をもつことができたのは，一定の金額の○○○○を納めた25才以上の男性に限られていた。

イラスト１　イラスト２

キーワード

A	B	C	D	E	F	G	H		I	J
								し		

【たてのかぎ】 1 いとうひろぶみ（伊藤博文）　2 だいにっぽんていこくけんぽう（大日本帝国憲法）　3 どいつ（ドイツ）　4 めいじてんのう（明治天皇）
【よこのかぎ】 5 てんのう（天皇）　6 きょういくちょくご（教育勅語）　7 こっかい（国会）　8 ぜいきん（税金）
【キーワード】 きんだいこっかのしくみ（近代国家の仕組み）

6年生編<歴史>

85 明治時代クロスワード⑥

名前（　　　　　　　　　　　　）

【たてのかぎ】

＊　イラストは当時の４つの国の関係を表している。

1　①の人物は〇〇〇を表している。

2　②の魚は〇〇〇〇〇を表している。

3　③の人物は〇〇（当時の中国）を表している。

4　④の人物は〇〇〇を表している。

5　日本と清（中国）は朝鮮をめぐって対立していた。1894（明治27）年，朝鮮で反乱《はんらん》が起こると，清が朝鮮政府《ちょうせんせいふ》の求めに応じて援軍《えんぐん》を送った。日本もこれに対抗《たいこう》して出兵《しゅっぺい》し，清と戦争になった。これを〇〇〇〇〇〇〇〇という。

6　この戦争で日本は清に勝ち，台湾《たいわん》などを領土《りょうど》としたほか，多額《たがく》のばいしょう金《きん》を得た。また，清に朝鮮の〇〇〇〇を認めさせた。

【よこのかぎ】

7　1904（明治37）年，満州《まんしゅう》に進出《しんしゅつ》し朝鮮にも力をのばそうとしていたロシアと日本は対立を深め戦争になった。これを〇〇〇〇〇〇〇という。

8　この戦争で日本は〇〇〇〇〇の戦いで13万人の兵士の半数近くが死《し》傷《しょう》するほど激しく戦った。

9　日本海海戦《にほんかいかいせん》では〇〇〇〇〇〇〇〇〇〇〇が指《し》揮《き》する艦隊《かんたい》が，ロシアの艦隊を破った。

10　日本はロシアに勝ち，樺太《からふと》（サハリン）の南半分と，南満州の鉄道や鉱山《こうざん》の権利《けんり》を得たが，〇〇〇〇〇〇〇は得られなかった。

キーワード

A		B	C	D	E	F	G	
	か							た

【たてのかぎ】　1 にほん（日本）　2 ちょうせん（朝鮮）　3 しん（清）　4 ろしあ（ロシア）　5 にっしんせんそう（日清戦争）　6 どくりつ（独立）

【よこのかぎ】　7 にちろせんそう（日露戦争）　8 りょじゅん（旅順）　9 とうごうへいはちろう（東郷平八郎）　10 ばいしょうきん（賠償金）

【キーワード】　にかいしょうりした（二回勝利した）

6年生編<歴史>

86 明治時代クロスワード⑦

名前（　　　　　　　　　　）

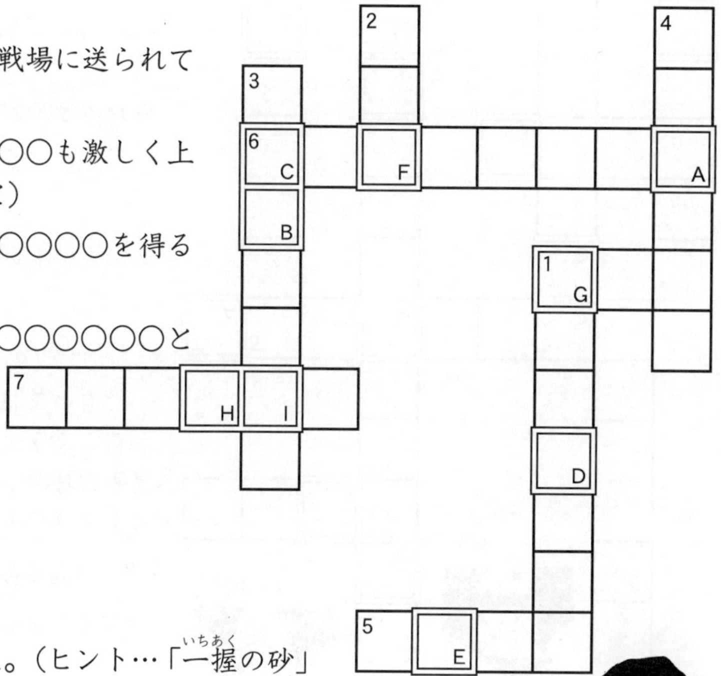

【たてのかぎ】

1　○○○○○○○が激しさを増すと，国内からは多くの人々が戦場に送られていった。（ヒント…ロシアとの戦争）

2　この戦争のころ，国内では，税金《ぜいきん》が２度も引き上げられ，○○○も激しく上がって，国民の生活は苦しくなった。（ヒント…物の値段のこと）

3　ロシアに勝った日本だったが，ロシアとの講和《こうわ》条約《じょうやく》で○○○○○○○を得ることができず，国民からは講和に対する反対の声があがった。

4　1910（明治43）年，日本は朝鮮（当時，大韓帝国《だいかんていこく》）を日本の○○○○○○とした。

【よこのかぎ】

1　【たて４】の後，朝鮮の学校では日本国民となるための教育が行われ，○○○語や○○○の地理《ちり》・歴史が教えられた。（どちらも同じ言葉が入る。）

5　【たて４】のできごとを「朝鮮（韓国《かんこく》）の○○○○」という。

6　歌人《かじん》の○○○○○○○○は【たて４】に反対するうたを残した。（ヒント…「一握《いちあく》の砂」で有名な歌人。）

7　歌人の○○○○○○は「君死にたまふことなかれ」を発表し，戦争に疑問をいだいた。（イラストの人物）

キーワード

A		B	C	D	E	F		G	H	I	
	る						つ				た

【たてのかぎ】　1 にちろせんそう（日露戦争）　2 ぶっか（物価）　3 ばいしょうきん（賠償金）　4 しょくみんち（植民地）
【よこのかぎ】　1 にほん（日本）　5 へいごう（併合）　6 いしかわたくぼく（石川啄木）　7 よさのあきこ（与謝野晶子）
【キーワード】　くるしいせいかつにあきた（苦しい生活に飽きた）

6年生編＜歴史＞

87 明治時代クロスワード⑧

名前（　　　　　　　　　　）

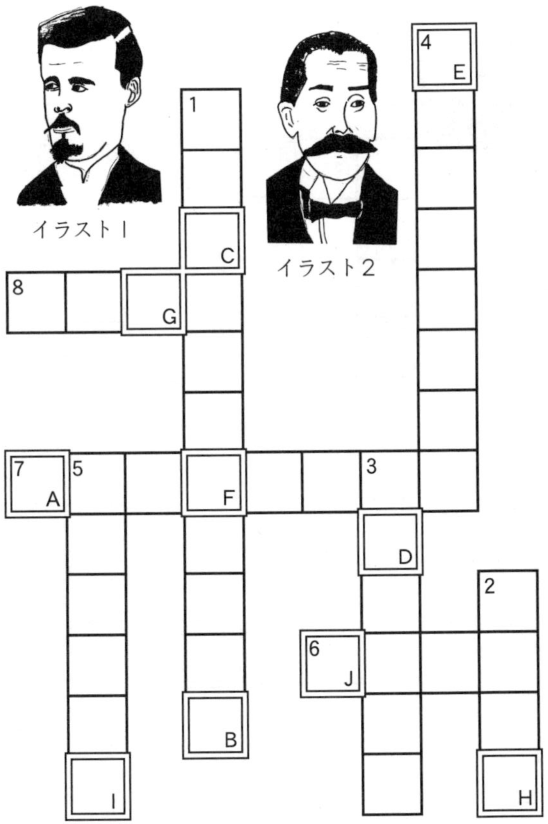

【たてのかぎ】

1　政府は江戸時代に結ばれた○○○○○○○○○○○を改正《かいせい》するために早くから外国と交渉《こうしょう》を続けてきた。しかし，日本の近代化《きんだいか》が遅れているという理由でなかなか実現しなかった。

2　日本は○○○○をつくり，国会を開いて，近代的な国家のしくみを整えてきた。

3　1883（明治16）年に条約改正《じょうやくかいせい》のために○○○○○○をつくり，舞踏会《ぶとうかい》を開いた。

4　1886（明治19）年，イギリス船が紀伊半島沖《きいはんとうおき》でちんぼつし，日本人乗客員《じょうきゃくいん》とインド人船員《せんいん》が水死する事件が起きた。この時，船長以下イギリス人などの船員は全員無事だった。船長たちには乗客を助ける義務があったのに不平等条約のもとでは外国人を日本の法律でさばけなかった。この事件を○○○○○○○○事件という。

5　イラスト１の人物は○○○○○○である。

【よこのかぎ】

6　日清戦争直前にイラスト１の人物は，イギリスとの交渉に成功し，日本の法律で外国人の○○○○ができるように条約を改正した。（治外法権《ちがいほうけん》）

7　イラスト２の人物は○○○○○○○○である。

8　1911（明治44）年，イラスト２の人物は，日本が○○○○品に自由に税をかけることができるように条約を改正した。（関税自主権《かんぜいじしゅけん》）

キーワード

A	B		C	D	E	F	G	H		I	J
		り							じ		

【たてのかぎ】　1 ふびょうどうじょうやく（不平等条約）　2 けんぽう（憲法）　3 ろくめいかん（鹿鳴館）　4 のるまんとんごう（ノルマントン号）　5 むつむねみつ（陸奥宗光）

【よこのかぎ】　6 さいばん（裁判）　7 こむらじゅたろう（小村寿太郎）　8 ゆにゅう（輸入）

【キーワード】　こくりょくのじゅうじつさ（国力の充実さ）

6年生編＜歴史＞

88 明治～大正時代クロスワード①

名前（　　　　　　　　　　）

【たてのかぎ】

1　19世紀後半になると，日本の産業《さんぎょう》は，せんい工業を中心に発達し，なかでも○○○の生産高《せいさんだか》が世界１位になった。（ヒント…かいこ）

2　政府は北九州に近代的な設備《せつび》をもつ○○○○○○○○○をつくった。

3　日露戦争後には造船《ぞうせん》や機械などの○○○○○○○○が発達し，軍艦《ぐんかん》や大砲《たいほう》も国内で生産できるようになった。

4　この時代，米の値段が急に上がったことに反対して，○○○○○○とばれる民衆運動《みんしゅううんどう》が起き，全国に広がった。

【よこのかぎ】

5　栃木県の○○○○○○○では大量の銅《どう》が生産されていたが，工場から出るけむりや川に流れた有害な排水《はいすい》が近くに住んでいた人に被害を与えた。この事件を解決しようとしたのがイラストの人物である。

6　イラストの人物は○○○○○○○○である。

7　1923（大正12）年９月１日には○○○○○○○○○○が発生し，死者と行方不明者《ゆくえふめいしゃ》は14万人にもおよんだ。

キーワード

A	B	C	D		E	F	G	H	I		J	K
				さ						つ		

【たてのかぎ】　1 きいと（生糸）　2 やはたせいてつしょ（八幡製鉄所）　3 じゅうこうぎょう（重工業）　4 こめそうどう（米騒動）
【よこのかぎ】　5 あしおどうざん（足尾銅山）　6 たなかしょうぞう（田中正造）　7 かんとうだいしんさい（関東大震災）
【キーワード】　きんだいさんぎょうはったつ（近代産業発達）

6年生編＜歴史＞

89 明治〜大正時代クロスワード②

名前（　　　　　　　　　　　）

【たてのかぎ】

1　男性より低くおさえられていた女性の地位《ちい》の向上《こうじょう》を目指す運動を始めたのは○○○○○○○○である。（イラストの人物）

2　**【たて１】**の人物は「もとは，○○○○は太陽だった。しかし，今は月である。他の光によってかがやく，病人のような青白い顔色の月である。わたしたちは，かくされてしまったわたしたちの太陽を，取りもどさなければならない。」という文章を発表した。

3　四民平等《しみんびょうどう》になってからも差別《さべつ》に苦しんでいた人々は○○○○○○○○○○をつくり，差別をなくす運動を活発にくり広げた。

【よこのかぎ】

4　国民自身の力で政治を進めていこうとする考え方から○○○○○○○を要求する運動が高まった。

5　国民自身の力で政治を進めていこうとする考え方を○○○○○○○という。

6　1925（大正14）年には，25才以上のすべての○○○○に選挙権が認められた。しかし，女性には認められなかった。

7　政府は，政治や社会のしくみを変えようとする動きを取りしまるために○○○○○○○をつくった。（ヒント…法律の名前）

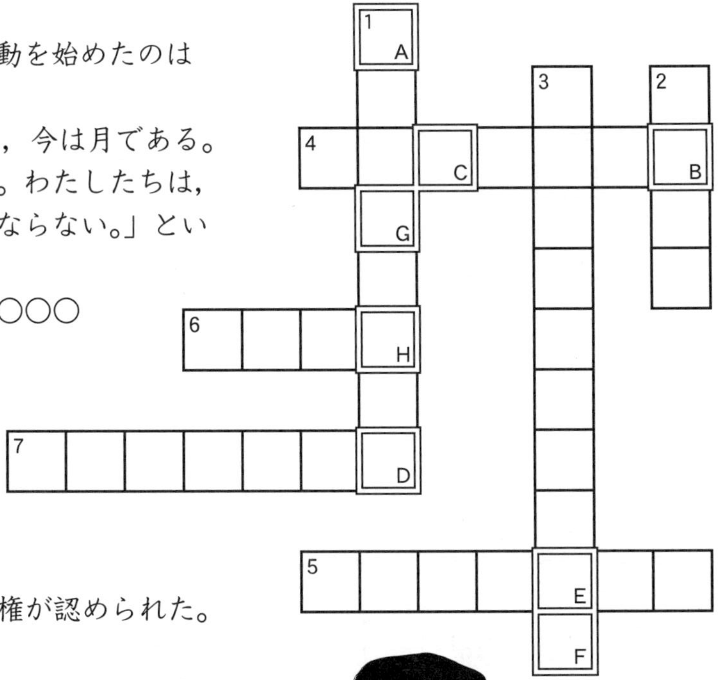

キーワード

A ゛	B	C	ど	D	な	E	F	G	H

【たてのかぎ】　1 ひらつからいてう（平塚らいてう《ちょう》）　2 じょせい（女性）　3 ぜんこくすいへいしゃ（全国水平社）
【よこのかぎ】　4 ふつうせんきょ（普通選挙）　5 みんしゅしゅぎ（民主主義）　6 だんせい（男性）　7 ちあんいじほう（治安維持法）
【キーワード】　びょうどうなしゃかい（平等な社会）

6年生編＜歴史＞

90 昭和時代クロスワード①

名前（　　　　　　　　）

【たてのかぎ】

1　軍の指導者《しどうしゃ》や政治家は中国の東北部である○○○○○を手に入れれば国民の生活はよくなるという考え方を広めていった。

2　1931（昭和６）年，日本軍は南満州鉄道《みなみまんしゅうてつどう》の線路を爆破《ばくは》し，これを中国軍のしわざであるとして，攻撃をはじめた。この事件を○○○○○○○○という。

3　満州全土《まんしゅうぜんど》を占領《せんりょう》した日本軍は満州に○○○○○○○をつくり，政治の実権《じっけん》をにぎった。

4　国内では一部の○○○○が首相《しゅしょう》を暗殺《あんさつ》したり，反乱《はんらん》を起こしたりして，政治に対する発言力を強めていった。

5　○○○○○○○○は満州国の取り消しと，占領地《せんりょうち》からの引き上げを日本に求めた。しかし，日本はこれにしたがわず，1933（昭和８）年，○○○○○○○○を脱退《だったい》し，世界から孤立《こりつ》していった。

6　1937（昭和12）年７月には，ペキン（北京）の近くで日本軍と中国軍がしょうとつした。これをきっかけに始まった戦争を○○○○○○○○○という。

【よこのかぎ】

7　1937(昭和12) 年８月には○○○○○（上海）に戦争が広がった。

8　1937(昭和12) 年12月には○○○○（南京）に戦争が広がった。

9　ヨーロッパでは1939年，ドイツがポーランドを攻撃したのをきっかけに○○○○○○○○○○○が始まった。

10　日本はドイツ・イタリアと同盟《どうめい》を結び，石油やゴムなどの資源《しげん》を求めて○○○○○○○にも軍隊を送った。

（ヒント…フィリピンなどの国のある地域）

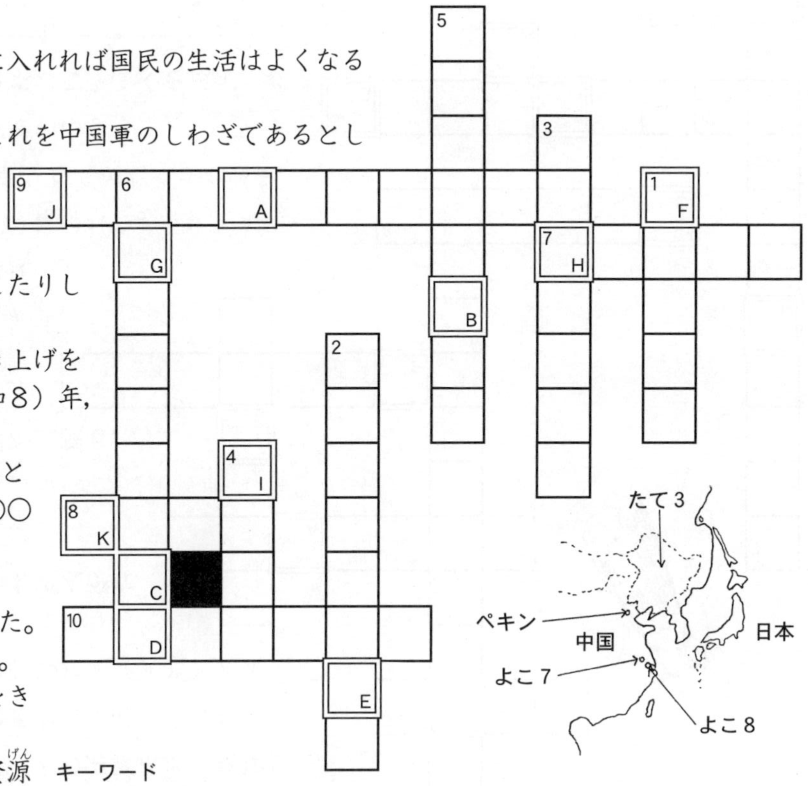

キーワード

A	B	C	D	E	F	G	H	I		J	K
									ら		

【たてのかぎ】　1 まんしゅう（満州）　2 まんしゅうじへん（満州事変）　3 まんしゅうこく（満州国）　4 ぐんじん（軍人）　5 こくさいれんめい（国際連盟）　6 にっちゅうせんそう（日中戦争）
【よこのかぎ】　7 しゃんはい（上海）　8 なんきん（南京）　9 だいにじせかいたいせん（第二次世界大戦）　10 とうなんあじあ（東南アジア）
【キーワード】　せんそうへまっしぐらだな（戦争へまっしぐらだな）

91 昭和時代クロスワード②

名前（　　　　　　　　　　）

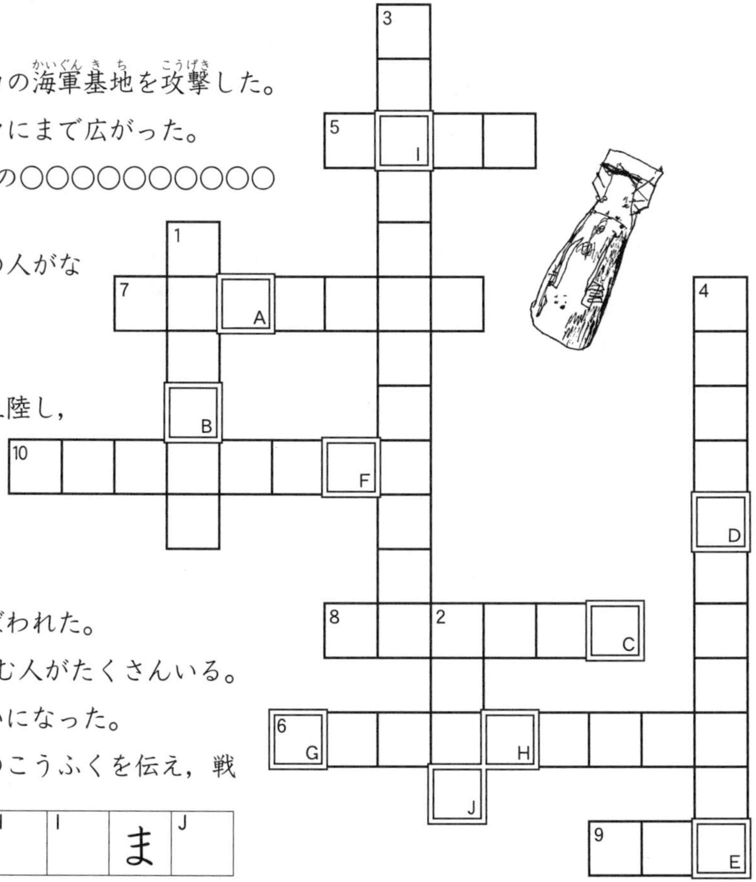

【たてのかぎ】

1　1941年12月８日，日本は，ハワイの〇〇〇〇〇〇にあるアメリカの海軍《かいぐん》基地《きち》を攻撃《こうげき》した。

2　日本はアメリカや〇〇〇〇とも戦争を始め，戦争は太平洋の島々にまで広がった。

3　日本全国で115もの都市が空襲《くうしゅう》の被害《ひがい》を受けた。1945年３月10日の〇〇〇〇〇〇〇〇〇〇〇〇では被害を受けた人は100万人にものぼった。

4　日本の戦争もふくめた〇〇〇〇〇〇〇〇〇〇〇では6000万人もの人がなくなった。

【よこのかぎ】

5　1945（昭和20）年４月，〇〇〇〇島に約20万人のアメリカ軍が上陸し，県民60万人のうち12万人以上の人々がなくなった。

6　沖縄では男子生徒が学徒隊《がくとたい》に入って日本軍とともに戦った。女子生徒も〇〇〇〇〇〇〇〇〇に入って負傷兵《ふしょうへい》の看護《かんご》にあたった。

7　アメリカ軍は1945（昭和20）年８月６日に広島，９日には長崎に〇〇〇〇〇〇〇を投下《とうか》した。広島と長崎で30万人以上の命がうばわれた。

8　【よこ７】が投下《とうか》されたことで現在でもその〇〇〇〇〇〇に苦しむ人がたくさんいる。

9　満州《まんしゅう》や樺太南部《からふとなんぶ》には〇〇〇軍がせめこみ，多くの日本人がぎせいになった。

10　1945（昭和20）年８月15日，〇〇〇〇〇〇〇〇がラジオで日本のこうふくを伝え，戦争は終わった。

キーワード

A	B	C	D	E	F	G	H	I		J
									ま	

【たてのかぎ】 1 しんじゅわん（真珠湾）　2 いぎりす（イギリス）　3 とうきょうだいくうしゅう（東京大空襲）　4 だいにじせかいたいせん（第二次世界大戦）

【よこのかぎ】 5 おきなわ（沖縄）　6 ひめゆりがくとたい（ひめゆり学徒隊）　7 げんしばくだん（原子爆弾）　8 こういしょう（後遺症）　9 それん（ソ連）　10 しょうわてんのう（昭和天皇）

【キーワード】 しゅうせんのひがきます（終戦の日が来ます）

6年生編＜歴史＞

92 昭和時代クロスワード③

名前（　　　　　　　　　　）

【たてのかぎ】

1　戦争に敗《やぶ》れた日本は，アメリカを中心とする連合国軍《れんごうこくぐん》に○○○○○された。

2　戦後，都市の学校は空襲《くうしゅう》で焼かれたため，教室が不足し，子ども達は外で勉強した。これを○○○○○○○○○○という。

3　1945（昭和20）年には，選挙法《せんきょほう》が改正《かいせい》され，20才以上のすべての男女に○○○○○○が保障《ほしょう》された。

4　1946（昭和21）年11月3日，新しい国づくりの基本となる○○○○○○○○○が公布《こうふ》され，翌年5月3日から施行《しこう》された。

【よこのかぎ】

3　【たて4】の新しい憲法《けんぽう》では，永久に○○○○をしないことを柱の一つに定めた。

5　【たて4】の新しい憲法では，国の政治を進める主権《しゅけん》は○○○○にあることを柱の一つに定めた。

6　【たて4】の新しい憲法では，すべての国民の○○○○○○○○○を尊重《そんちょう》することを柱の一つに定めた。

7　教育の目的は，○○○○○○○にもとづいて，平和な国家や社会をつくる国民を育てていくことに重点がおかれた。

8　小学校6年間，中学校3年間，合わせて9年間の○○○○○○○になった。

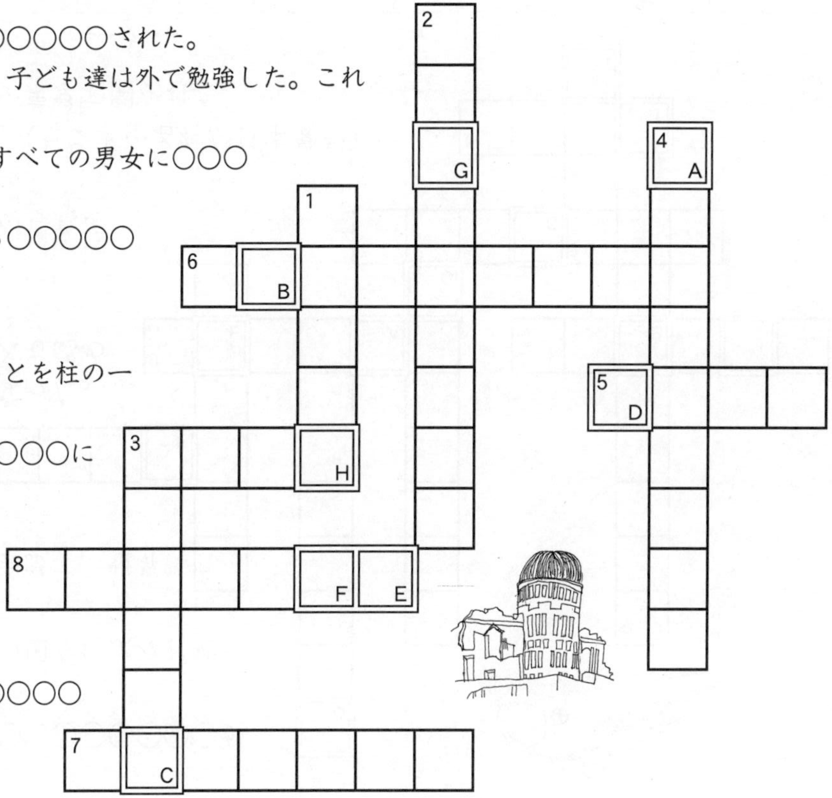

キーワード

A	B	C	D	E		F	G	H
					か			

【たてのかぎ】 1 せんりょう（占領） 2 あおぞらきょうしつ（青空教室） 3 せんきょけん（選挙権） 4 にほんこくけんぽう（日本国憲法）
【よこのかぎ】 3 せんそう（戦争） 5 こくみん（国民） 6 きほんてきじんけん（基本的人権） 7 みんしゅしゅぎ（民主主義） 8 ぎむきょういく（義務教育）
【キーワード】 にほんこくかいぞう（日本国改造）

6年生編<歴史>

93 昭和時代クロスワード④

名前（　　　　　　　　　　）

【たてのかぎ】

1　1945（昭和20）年，世界の平和を守るしくみとして○○○○○○○○○がつくられた。

2　長い間○○○○○○とされてきたアジアやアフリカの国々は次々と独立《どくりつ》を果たした。

3　日本は1951（昭和26）年，アメリカで開かれた平和会議で，世界の48か国と平和条約《へいわじょうやく》を結び，○○○○を回復《かいふく》した。

4　日本は平和条約と同時に○○○○○○○○保障条約を結んだ。その結果アメリカ軍はその後も日本各地の軍事基地《ぐんじきち》にとどまることになった。

5　1956（昭和31）年，日本は○○○○○○○○○への加入《かにゅう》も認められて，国際社会《こくさいしゃかい》へ復帰《ふっき》した。

【よこのかぎ】

6　日本は○○○○との軍事や経済《けいざい》の結びつきを強めながら急速《きゅうそく》に産業《さんぎょう》を発展させていった。（ヒント…国名）

7　1963年ごろから○○○○○○○○が次々に整備《せいび》された。（ヒント…名神《めいしん》が日本最初）

8　1964（昭和39）年にはアジアで最初の○○○○○○が東京で開かれた。

9　1964（昭和39）年には○○○○○○が開通《かいつう》した。

10　日本はアメリカに次いで世界第２位の○○○○○○○となった。

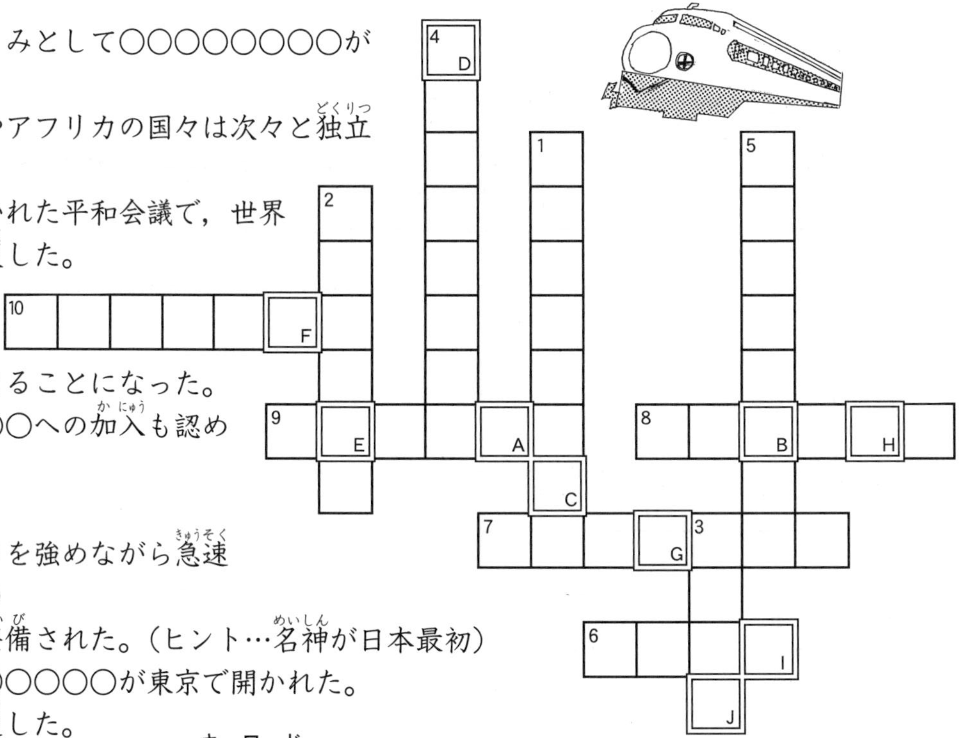

キーワード

A	B	C	D		E	F	G		H	I	J
				ほ				ふ			

【たてのかぎ】　1　こくさいれんごう（国際連合）　2　しょくみんち（植民地）　3　どくりつ（独立）　4　にちべいあんぜん（日米安全）　5　こくさいれんごう（国際連合）

【よこのかぎ】　6　あめりか（アメリカ）　7　こうそくどうろ（高速道路）　8　おりんぴっく（オリンピック）　9　しんかんせん（新幹線）　10　こうぎょうこく（工業国）

【キーワード】　せんごにほんこくふっかつ（戦後日本国復活）

6年生編<政治>

94 国民主権クロスワード

名前（　　　　　　　　　　）

【たてのかぎ】

1　国の政治の方針は○○○○で決められる。

2　国会議員《こっかいぎいん》は○○○○で選ばれた国民の代表である。

3　日本国憲法では20才以上のすべての国民に○○○○○○があたえられる。

4　日本国憲法では天皇は○○○○の決めたことにもとづいて，憲法で定められた仕事を行う。

5　地方自治体《ちほうじちたい》がその地域《ちいき》に住む人々のくらしに強くかかわる問題について，住民の意思《いし》を問うために○○○○○○○○○○○という方法をとることがある。

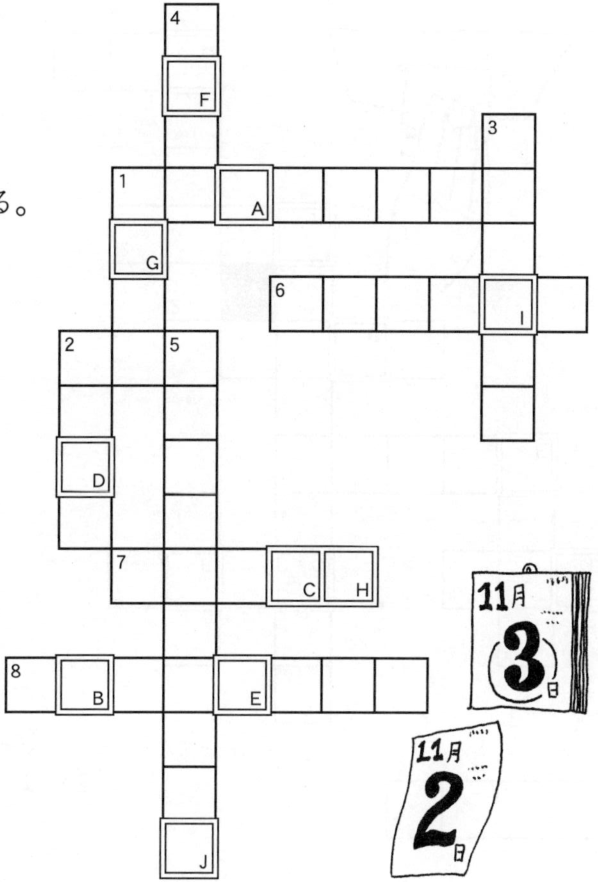

【よこのかぎ】

1　選挙権は憲法に定められた○○○○○○○○○の代表的な例である。

2　日本国憲法では天皇は国の○○○についての権限《けんげん》はいっさいもたない。

6　日本国憲法では天皇は「日本国の○○○○○○」と定めている。

7　日本国憲法が公布《こうふ》された11月３日は○○○○○である。

8　日本国憲法が施行《しこう》された５月３日は○○○○○○○○○である。

キーワード

A	B		C	D		E	F	G	H	I	J
		な			よ				。		

【たてのかぎ】　1 こっかい（国会）　2 せんきょ（選挙）　3 せんきょけん（選挙権）　4 ないかく（内閣）　5 じゅうみんとうひょう（住民投票）
【よこのかぎ】　1 こくみんしゅけん（国民主権）　2 せいじ（政治）　6 しょうちょう（象徴）　7 ぶんかのひ（文化の日）　8 けんぽうきねんび（憲法記念日）
【キーワード】　みんなのきよきいっぴょう（みんなの清き一票）

6年生編＜政治＞

95 基本的人権クロスワード

名前（　　　　　　　　　　）

【たてのかぎ】

1　だれもが生命や身体の自由が大切にされ，人間らしく生きる権利を持っている。この権利を○○○○○○○○○という。（ヒント…日本国憲法の柱の一つ）

2　日本国憲法《にほんこくけんぽう》の第11条では基本的人権は「おかすことのできない○○○○○の権利」と定められている。

3　国民には○○○に参加する権利がある。その代表的なものが選挙権《せんきょけん》である。

4　国民には○○○○○を受ける権利がある。

5　国民には仕事に就《つ》いて○○○○権利がある。

【よこのかぎ】

6　国民には健康で○○○○○な生活を送る権利がある。

7　国民には○○○○を受ける権利がある。（ヒント…善悪の判断）

8　国民には○○○○する権利がある。（ヒント…みんなで力を合わせること）

9　国民には居住《きょじゅう》・移転《いてん》，職業選択《しょくぎょうせんたく》，信教《しんきょう》，学問・思想，言論《げんろん》・出版《しゅっぱん》などの○○○が認められている。

10　国民には仕事に就《つ》いて○○○○義務がある。

11　国民には子どもに○○○○○を受けさせる義務がある。

12　国民には○○○○を納《おさ》める義務がある。

キーワード

に	A	B ゛	C	D	し	E	F	G	よ	H

【たてのかぎ】　1 きほんてきじんけん（基本的人権）　2 えいきゅう（永久）　3 せいじ（政治）　4 きょういく（教育）　5 はたらく（働く）

【よこのかぎ】　6 ぶんかてき（文化的）　7 さいばん（裁判）　8 だんけつ（団結）　9 じゆう（自由）　10 はたらく（働く）　11 きょういく（教育）　12 ぜいきん（税金）

【キーワード】　にんげんらしくいきよう（人間らしく生きよう）

6年生編<政治>

96 平和主義クロスワード

名前（　　　　　　　　　　　　）

【たてのかぎ】

1　1945年（昭和20年）８月，アメリカは日本に世界で初めて〇〇〇〇〇〇〇を投下《とうか》した。（広島と長崎に投下した。）

2　日本国憲法《にほんこくけんぽう》の第９条で日本は二度と他国と〇〇〇〇をしないことを定めている。

3　日本国憲法の第９条で日本は「陸海空軍《りくかいくうぐん》その他の〇〇〇〇〇は持たない」と定めている。

4　日本国憲法の第９条で日本は「国の〇〇〇〇〇〇は認めない」と定めている。

5　現在，日本には，戦車《せんしゃ》や戦闘機《せんとうき》を保持《ほじ》した〇〇〇〇〇が置かれている。

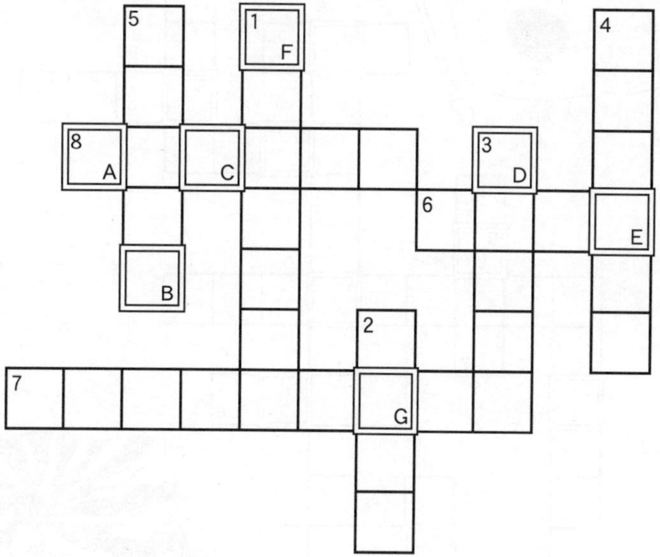

【よこのかぎ】

6　日本国憲法では第９条の他，〇〇〇〇でも平和へのちかいを宣《せん》言《げん》している。

7　日本は「核兵器《かくへいき》をもたない，つくらない，もちこませない」という〇〇〇〇〇〇〇〇〇をかかげている。

8　日本国憲法の３つの柱の一つは，第９条にも定められている〇〇〇〇〇〇である。

キーワード

A	B	C	D	E	F	G

【たてのかぎ】 1 げんしばくだん（原子爆弾） 2 せんそう（戦争） 3 せんりょく（戦力） 4 こうせんけん（交戦権） 5 じえいたい（自衛隊）
【よこのかぎ】 6 ぜんぶん（前文） 7 ひかくさんげんそく（非核三原則） 8 へいわしゅぎ（平和主義）
【キーワード】 へいわせんげん（平和宣言）

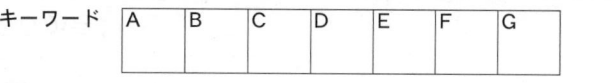

6年生編<政治>

97 天皇の仕事クロスワード

名前（　　　　　　　　　　　　）

【たてのかぎ】

1　明治時代に作られた憲法を○○○○○○○○○○○○○○という。

2　【たて1】の憲法では主権《しゅけん》は○○○○にあるとされていた。

3　今の憲法では天皇を「日本国の○○○○○○」と定めている。

4　天皇は国の○○○についての権限《けんげん》はいっさいもっていない。

5　天皇の仕事は様々な○○○○○○を行うことである。

【よこのかぎ】

5　今の憲法での主権は○○○○にある。

6　天皇は○○○○の決めたことにもとづいて，憲法で定められた仕事をする。

7　今の憲法を○○○○○○○○○という。

8　天皇の仕事。○○○○を召集《しょうしゅう》する。（呼び出して集める。）

9　天皇の仕事。くんしょうなどの○○○○を授《さず》ける。

10　天皇の仕事。国会で決めた法律や条約《じょうやく》などを○○○する。（発表して国民に知らせること。）

11　天皇の仕事。衆議院《しゅうぎいん》を○○○○する。

キーワード

A	B	C	D	E		F	G	H			I	J
					そ				よ	る		

【たてのかぎ】　1 だいにっぽんていこくけんぽう（大日本帝国憲法）　2 てんのう（天皇）　3 しょうちょう（象徴）　4 せいじ（政治）　5 こくじこうい（国事行為）
【よこのかぎ】　5 こくみん（国民）　6 ないかく（内閣）　7 にほんこくけんぽう（日本国憲法）　8 こっかい（国会）　9 えいてん（栄典）　10 こうふ（公布）　11 かいさん（解散）
【キーワード】　こくみんのそういによるちい（国民の総意による地位）

6年生編<政治>

98 国会の仕事クロスワード

名前（　　　　　　　　　　　）

【たてのかぎ】

1　国会議員《こっかいぎいん》を選ぶのは○○○○である。

2　政治を進めていくためのお金は国民の○○○○でまかなわれている。

3　国会の仕事の１つ。国会議員の中から○○○○○○○○○○○○を選び，指名《しめい》する。

4　国会の仕事の１つ。○○○○をつくる。

5　国会の仕事の１つ。国の○○○を決める。

6　「480」「242」この２つの数はそれぞれ衆議院《しゅうぎいん》と参議院《さんぎいん》の○○○○○である。

【よこのかぎ】

1　国会は○○○○○○○○○で開かれる。（ヒント…イラストの建物）

5　衆議院議員《しゅうぎいんぎいん》の任期《にんき》は○○○である。

7　参議院議員《さんぎいんぎいん》の任期《にんき》は○○○○である。

8　25才以上の人が議員になれるのが○○○○○○である。

9　30才以上の人が議員になれるのが○○○○○である。

10　国会は法律《ほうりつ》を作ることから○○○○機関《きかん》ともいわれる。

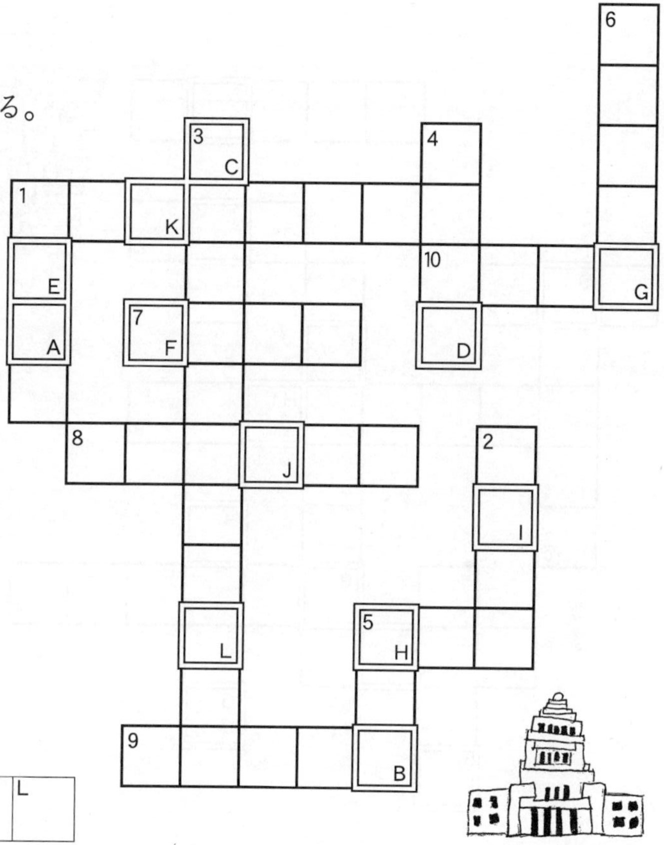

キーワード

A	B	C		D	E	F	G	H	I	J	K	L
			で									

【たてのかぎ】　1 こくみん（国民）　2 ぜいきん（税金）　3 ないかくそうりだいじん（内閣総理大臣）　4 ほうりつ（法律）　5 よさん（予算）　6 ぎいんすう（議員数）

【よこのかぎ】　1 こっかいぎじどう（国会議事堂）　5 よねん（四年）　7 ろくねん（六年）　8 しゅうぎいん（衆議院）　9 さんぎいん（参議院）　10 りっぽう（立法）

【キーワード】　みんなでつくろうよいぎかい（みんなで作ろうよい議会）

6年生編＜政治＞

99 内閣の仕事クロスワード

名前（　　　　　　　　　）

【たてのかぎ】

1　内閣の仕事は○○○○で決められたことを実際《じっさい》に行うことである。

2　内閣の仕事を難《むずか》しい言葉で○○○○○ともいう。（ヒント…「政」治を「行」う。）

3　内閣の最高責任者《さいこうせきにんしゃ》を○○○○○○○○○○○という。

4　内閣総理大臣《ないかくそうりだいじん》は○○○○○○○を任命《にんめい》して内閣を作る。（組閣《そかく》ともいう。）

【よこのかぎ】

4　内閣総理大臣は○○○○で指名《しめい》された国会議員《こっかいぎいん》がなる。

5　○○○○○○省《しょう》では教育や科学に関する仕事をする。

6　○○○○○○○○省では医療《いりょう》や労働《ろうどう》に関する仕事をする。

7　○○○省では国のお金に関する仕事をする。

8　○○○省では外国との関係に関する仕事をする。

9　○○○○○省では自然や環境《かんきょう》に関する仕事をする。

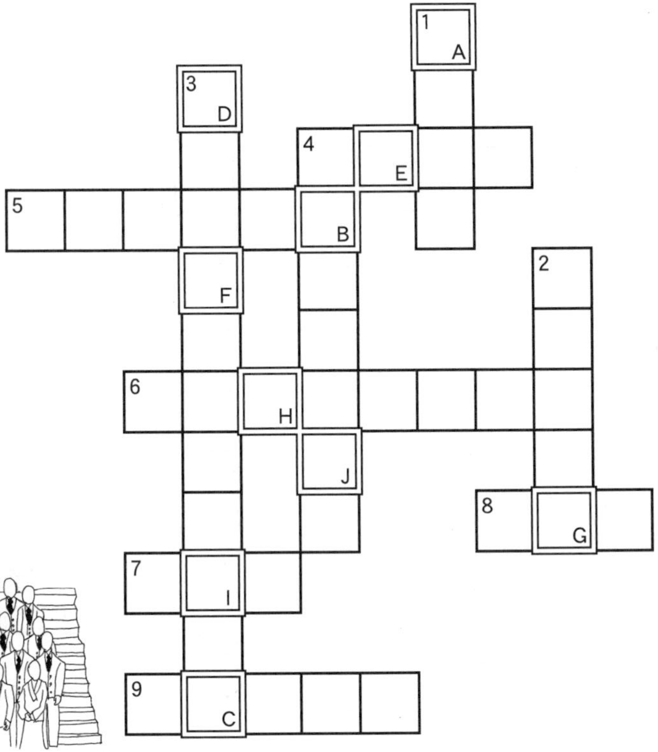

キーワード

A	B		C	D	E		F		G	H	I	J
		み				と		よ				

【たてのかぎ】　1 こっかい（国会）　2 ぎょうせい（行政）　3 ないかくそうりだいじん（内閣総理大臣）　4 こくむだいじん（国務大臣）
【よこのかぎ】　4 こっかい（国会）　5 もんぶかがく（文部科学）　6 こうせいろうどう（厚生労働）　7 ざいむ（財務）　8 がいむ（外務）　9 かんきょう（環境）
【キーワード】　こくみんなっとくよいせいじ（国民納得よい政治）

6年生編＜政治＞

100 裁判所の仕事クロスワード

名前（　　　　　　　　　　）

【たてのかぎ】

1　裁判所の仕事は〇〇〇〇や法律にもとづいて人々の間のあらそいごとや犯罪《はんざい》を公正《こうせい》に判断《はんだん》し，解決することである。

2　最も上級にあたる裁判所で東京に１つだけあるのは，〇〇〇〇〇〇〇〇〇〇である。（ヒント…イラストの建物）

3　普通，第２審《しん》を担当し，全国に８か所ある裁判所を〇〇〇〇裁判所という。

4　軽い訴訟《そしょう》の第１審を担当し，全国に438か所ある裁判所を〇〇〇裁判所という。

5　主に家庭内や親族《しんぞく》の事件，少年事件などを扱い，全国に50か所ある裁判所を〇〇〇裁判所という。

【よこのかぎ】

2　裁判所で裁判を行う人を〇〇〇〇〇〇という。

6　普通，第１審を担当し，各都道府県に１か所，北海道に４か所（全国50か所）置かれている裁判所を〇〇〇裁判所という。

7　裁判所の仕事を難しい言葉で〇〇〇という。（ヒント…法を司る。）

8　裁判所の判決《はんけつ》に納得《なっとく》できない人は，それよりも上級の裁判所にうったえて，裁判のやり直しができるしくみになっている。このしくみを〇〇〇〇〇〇という。

9　国の政治は，国会（立法《りっぽう》），内閣（行政《ぎょうせい》），裁判所（司法《しほう》）の３つの機関《きかん》がそれぞれの役割をもち，分担《ぶんたん》して進めている。このようなしくみを〇〇〇〇〇〇〇〇という。

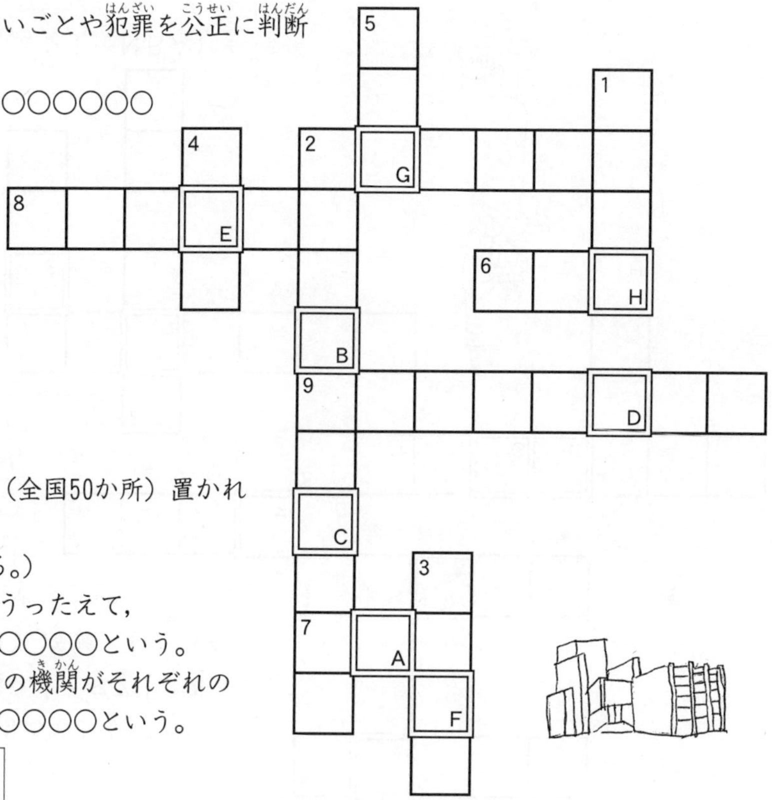

キーワード

A	B		C	D		E	F	G	H
		の			に				

【たてのかぎ】　1 けんぽう（憲法）　2 さいこうさいばんしょ（最高裁判所）　3 こうとう（高等）　4 かんい（簡易）　5 かてい（家庭）
【よこのかぎ】　2 さいばんかん（裁判官）　6 ちほう（地方）　7 しほう（司法）　8 さんしんせい（三審制）　9 さんけんぶんりつ（三権分立）
【キーワード】　ほうのばんにんという（法の番人という）

6年生編＜世界の国々とのつながり＞

101 アメリカ合衆国クロスワード

名前（　　　　　　　　　　　　）

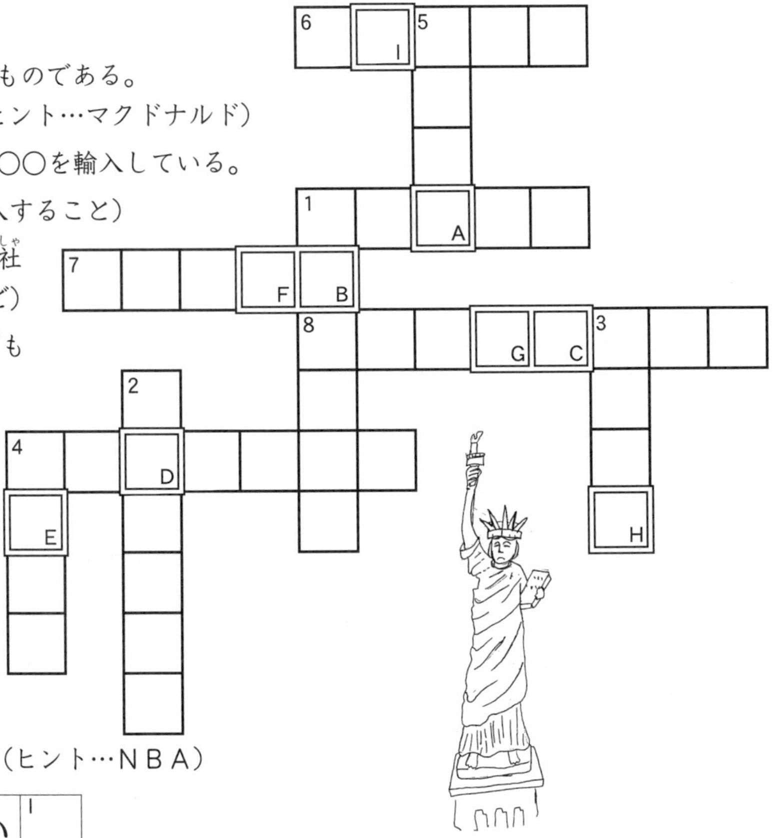

【たてのかぎ】

1　世界中で親しまれている〇〇〇〇〇〇はアメリカ生まれの食べものである。
（ヒント…マクドナルド）

2　日本はアメリカから小麦やだいず，果物《くだもの》，牛肉などの〇〇〇〇〇〇を輸入している。

3　アメリカは日本最大の〇〇〇〇相手国《あいてこく》である。（ヒント…輸出入すること）

4　アメリカは様々な〇〇〇〇や民族《みんぞく》の人々がともに暮《く》らす多民族社《たみんぞくしゃ》会《かい》である。　（ヒント…白人・黒人など）

5　ＮＡＳＡ（アメリカ航空《こうくう》宇《う》宙局《ちゅうきょく》）など，〇〇〇〇開発の分野《ぶんや》でも最先端《さいせんたん》の科学技術の研究・開発が行われている。

【よこのかぎ】

1　10月31日は子どものお祭り〇〇〇〇〇が行われる。

4　ニューヨークのマンハッタン島にはアメリカのシンボルである〇〇〇〇〇〇〇がある。（ヒント…イラスト）

6　日本からアメリカへは〇〇〇〇〇や機械製品《きかいせいひん》などを多く輸出している。

7　アメリカの首都《しゅと》は〇〇〇〇〇である。

8　野球や〇〇〇〇〇〇〇〇はアメリカ生まれのスポーツである。（ヒント…ＮＢＡ）

キーワード

A	B	C	D	E	F		G	H		I
						お			い	

【たてのかぎ】　1 はんばあがあ（ハンバーガー）　2 のうさんぶつ（農産物）　3 ぼうえき（貿易）　4 じんしゅ（人種）　5 うちゅう（宇宙）
【よこのかぎ】　1 はろうぃん（ハロウィン）　4 じゆうのめがみ（自由の女神）　6 じどうしゃ（自動車）　7 わしんとん（ワシントン）　8 ばすけっとぼおる（バスケットボール）
【キーワード】　うんとうんとおっきいど（うんとうんと大っきいど）

6年生編＜世界の国々とのつながり＞

102 韓国クロスワード

名前（　　　　　　　　　　）

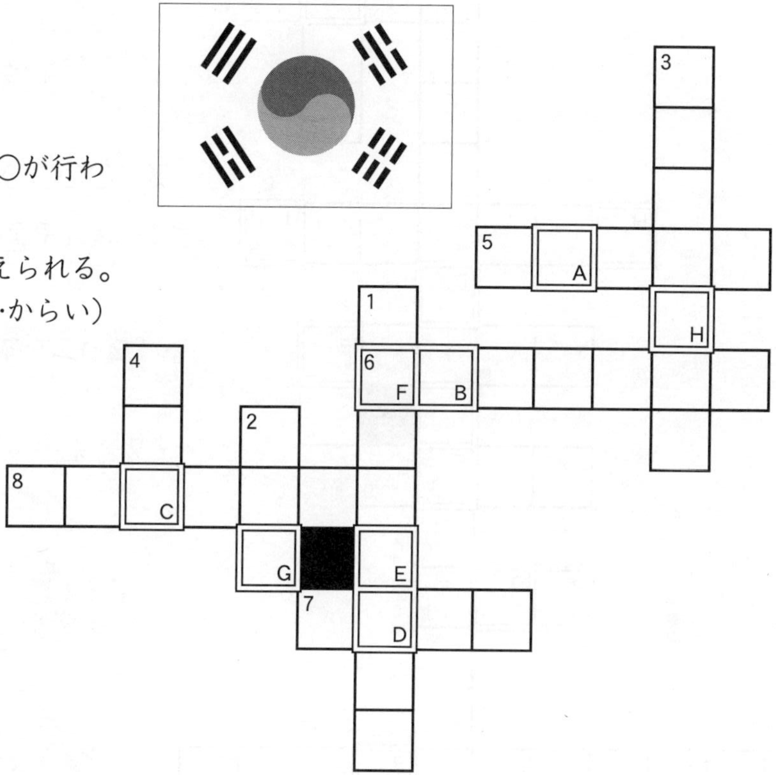

【たてのかぎ】

1　韓国《かんこく》の正式な国名は○○○○○○○○○という。

2　韓国の首都《しゅと》は○○○である。

3　2002年には日本と韓国の共催《きょうさい》でサッカーの○○○○○○○○が行われた。

4　韓国の食事にはナムル（野菜のあえもの）や○○○がそえられる。
（ヒント…からい）

【よこのかぎ】

5　韓国には空手に似た○○○○○という格闘技《かくとうぎ》がある。

6　韓国では○○○○○○○○がさかんに利用されている。まちの中に低料金で利用できる店がたくさんある。学校の授業でも利用されている。

7　冬の寒さがきびしい韓国では，床下《ゆかした》から部屋をあたためる○○○○という暖房《だんぼう》施設《しせつ》がある。

8　韓国の北には○○○○○○○（朝鮮民主主義人民共和《ちょうせんみんしゅしゅぎじんみんきょうわ》国《こく》）がある。かつては同じ国であった。

キーワード

A	B		C	D	E	F	G	H
		な						

【たてのかぎ】　1 だいかんみんこく（大韓民国）　2 そうる（ソウル）　3 わあるどかっぷ（ワールドカップ）　4 きむち（キムチ）
【よこのかぎ】　5 てこんどお（テコンドー）　6 いんたあねっと（インターネット）　7 おんどる（オンドル）　8 きたちょうせん（北朝鮮）
【キーワード】　こんなちんみいるか（こんな珍味いるか）

6年生編＜世界の国々とのつながり＞

103 中国クロスワード

名前（　　　　　　　　　　　　）

【たてのかぎ】

1　中国の正式名は〇〇〇〇〇〇〇〇〇〇〇〇〇〇〇という。

2　中国の首都は〇〇〇である。

3　中国も日本と同じく食事では〇〇を使う。

【よこのかぎ】

4　日本で使っている〇〇〇は中国から入ってきた。（ヒント…平仮名・片仮名の元になった文字）

5　中国は言語《げんご》や生活習慣《せいかつしゅうかん》のちがう56もの〇〇〇〇から成り立っている。

6　中国北部の草原地帯《そうげんちたい》には〇〇〇〇族《ぞく》が住んでいる。

7　〇〇〇〇〇は中国の経済の中心都市である。日本の企業《きぎょう》も進出《しんしゅつ》している。

8　近年《きんねん》，機械類《きかいるい》・衣料品《いりょうひん》などを中心に，世界有数《せかいゆうすう》の〇〇〇〇〇〇〇に発展している。

9　イラストは中国の世界遺産《せかいいさん》，〇〇〇〇〇〇〇〇〇〇である。

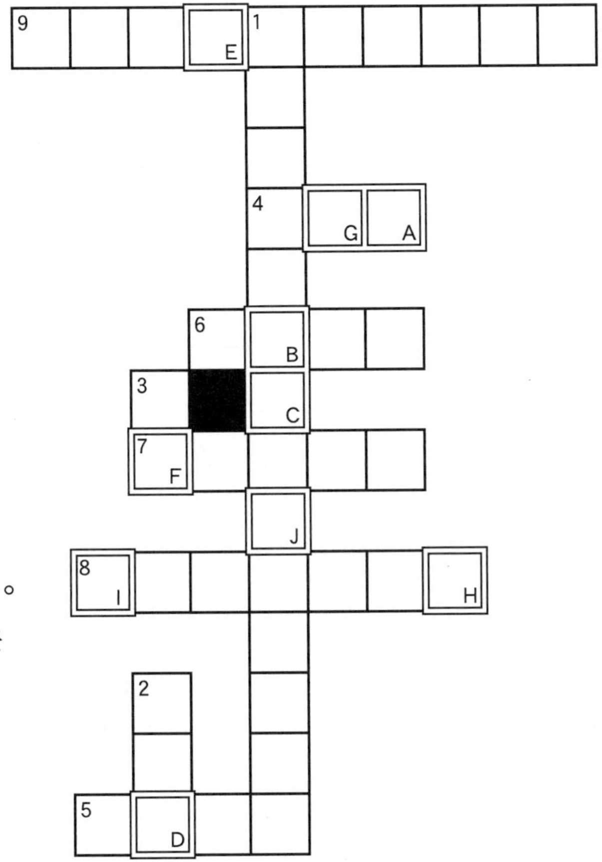

キーワード

A	B	C	D	E	F	G	H		I		J
								の		っ	

【たてのかぎ】　1 ちゅうかじんみんきょうわこく（中華人民共和国）　2 ぺきん（北京）　3 はし（箸）
【よこのかぎ】　4 かんじ（漢字）　5 みんぞく（民族）　6 もんごる（モンゴル）　7 しゃんはい（上海）　8 こうぎょうこく（工業国）　9 ばんりのちょうじょう（万里の長城）
【キーワード】　じんみんのしんくのこっき（人民の深紅の国旗）

104 ブラジルクロスワード

名前（　　　　　　　　　　）

【たてのかぎ】

1　ブラジルの正式な国名は○○○○○○○○○○○○○○という。

2　ブラジルは○○○○がさかんな国である。（ヒント…スポーツ）

3　ブラジルの○○○○川のまわりには広大な熱帯林《ねったいりん》が広がっている。

【よこのかぎ】

1　ブラジルの首都は○○○○○である。

4　ブラジルには日本から移り住んだ人々の子孫が約150万人いる。この人たちを○○○○○○という。

5　ブラジルで最も大きな都市は○○○○○である。

6　ブラジルは○○○○やカカオなどの農産物にめぐまれた国である。（ヒント…飲み物になります）

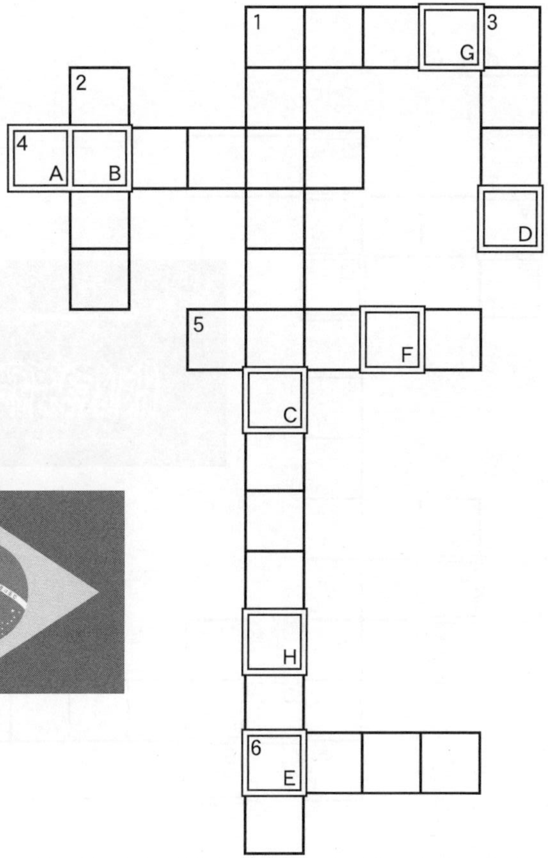

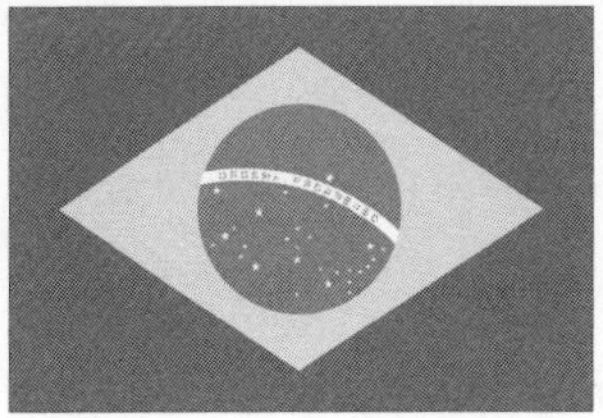

キーワード

A	B	C	D		E	F	G		H
				と				ゆ	

【たてのかぎ】　1　ぶらじるれんぽうきょうわこく（ブラジル連邦共和国）　2　さっかあ（サッカー）　3　あまぞん（アマゾン）
【よこのかぎ】　1　ぶらじりあ（ブラジリア）　4　にっけいじん（日系人）　5　さんぱうろ（サンパウロ）　6　こおひい（コーヒー）
【キーワード】　にっぽんとこうりゅう（日本と交流）

6年生編＜世界の国々とのつながり＞

105 サウジアラビアクロスワード

名前（　　　　　　　　　　　）

【たてのかぎ】

1　サウジアラビアの正式名は○○○○○○○○○○○○である。

2　サウジアラビアの首都《しゅと》は○○○である。

3　日本はサウジアラビアからたくさんの○○○を輸入している。
（ヒント…資源）

4　サウジアラビアには○○○○月（ラマダン）がある。
（ヒント…食事をしない行為《こうい》のこと）

【よこのかぎ】

5　サウジアラビアの宗教《しゅうきょう》は○○○○○○○○である。

6　サウジアラビアの女性は外出時《がいしゅつじ》，○○○という黒いマントを頭から足の先まですっぽりとかぶらなくてはならない。

7　サウジアラビアの宗教《しゅうきょう》（【よこ５】）の経典《きょうてん》は○○○○である。

8　サウジアラビアの国土《こくど》の大半《たいはん》は○○○である。

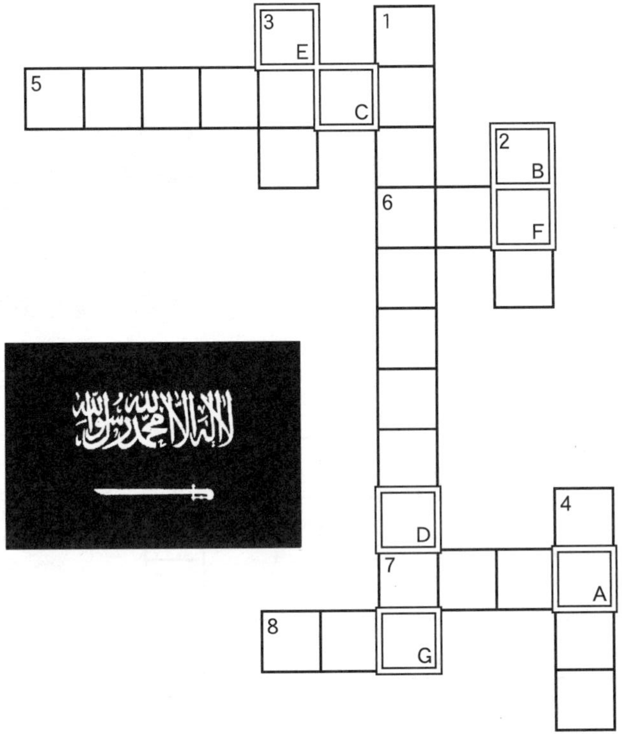

キーワード

	A	B	C	D	E		F	G
ね						つ		

【たてのかぎ】　1　さうじあらびあおうこく（サウジアラビア王国）　2　りやど（リヤド）　3　せきゆ（石油）　4　だんじき（断食）
【よこのかぎ】　5　いすらむきょう（イスラム教）　6　あばや（アバヤ）　7　こおらん（コーラン）　8　さばく（砂漠）
【キーワード】　ねんりょうせつやく（燃料節約）

6年生編＜世界の国々とのつながり＞

106 国際協力クロスワード

名前（　　　　　　　　　　　　　）

【たてのかぎ】

1　便利な生活を支えるために多くの資源《しげん》が消費《しょうひ》され，地球の○○○○○が悪化《あっか》してきている。

2　災害《さいがい》や紛争《ふんそう》で命がおびやかされたり，住む場所を失《うしな》って○○○○となったりする人々がいる。

3　1945年，世界の平和を守ることを目的にして，○○○○○○○○がつくられた。（ヒント…イラストの旗）

4　【たて３】の中には，困難《こんなん》な状況《じょうきょう》におかれている子どもたちを守るために活動している機関《きかん》がある。○○○○（国連児童基金《こくれんじどうききん》）という。

5　学校で集めている「ユニセフ○○○」も【たて４】の活動を支えている。

【よこのかぎ】

3　すべての子どもが，安全に幸せに生きる権利をうたった○○○○○○○条約がある。

5　【たて３】の中には，予防接種《よぼうせっしゅ》を広めたり，保健の大切さを伝えたりする活動をする機関がある。○○○○○○○○○（WHO）という。

6　【たて３】では，○○○○○○○○○の原因となる二酸化炭素《にさんかたんそ》の排出《はいしゅつ》量《りょう》をへらす取り組みについても話し合っている。

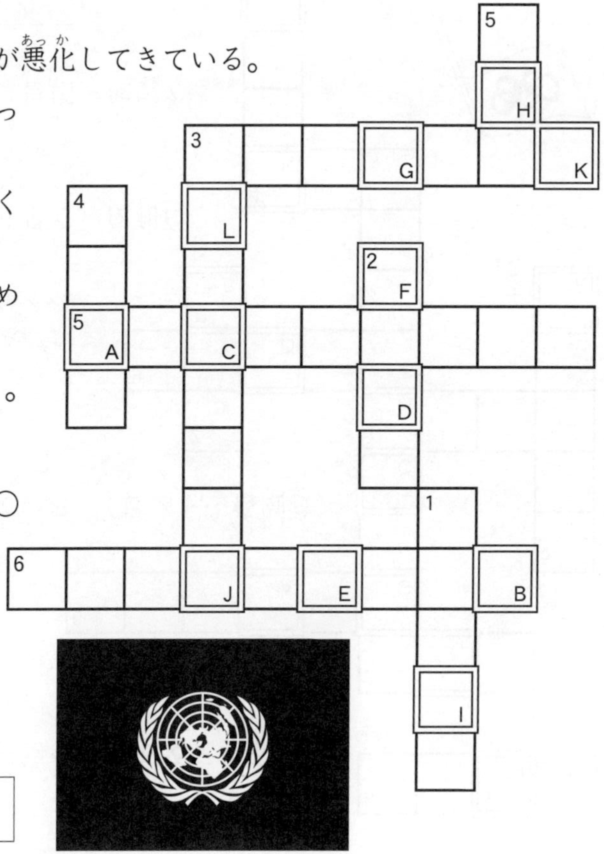

キーワード

A	B	C	D	E	F	G	H	I	J	K		L
											よ	

【たてのかぎ】 1 かんきょう（環境） 2 なんみん（難民） 3 こくさいれんごう（国際連合） 4 ゆにせふ（ユニセフ） 5 ぼきん（募金）
【よこのかぎ】 3 こどものけんり（子どもの権利） 5 せかいほけんきかん（世界保健機関） 6 ちきゅうおんだんか（地球温暖化）
【キーワード】 せかいみんなのきょうりょく（世界みんなの協力）

6年生編＜世界の国々とのつながり＞

107 国際交流クロスワード

名前（　　　　　　　　　　）

【たてのかぎ】

1　世界の国々の間で言葉や文化・習慣《しゅうかん》のちがいをこえてスポーツや伝統芸能《でんとうげいのう》を通して交流することを○○○○○○○○○○という。

2　「茶《ちゃ》の湯《ゆ》」や「文楽《ぶんらく》」などの日本の○○○を世界の人々に紹介《しょうかい》している。

3　○○○は日本の伝統芸能《でんとうげいのう》の一つで，海外公演《かいがいこうえん》も行っている。
（ヒント…役者《やくしゃ》が演《えん》じる）

4　「空手《からて》」などの日本の○○○○を世界の人々に紹介している。

5　○○○○○は日本のスポーツの一つで，オリンピックの種目にもなっている。（ヒント…格闘技《かくとうぎ》）

【よこのかぎ】

1　「日の丸」は日本の○○○である。

4　○○○は日本の国技《こくぎ》で，海外公演も行っている。
（ヒント…のこった，のこった）

6　４年に一度開かれる○○○○○○はスポーツによる国際交流の代表的なイベントである。

7　○○○○手段《しゅだん》や情報手段《じょうほうしゅだん》の発達によって，世界の国々との交流が，より早く，便利になった。（ヒント…飛行機，船・・・）

8　「君が代」は日本の○○○である。

9　それぞれの国の歴史や人々の思いがこめられた国旗《こっき》や国歌《こっか》に対しては，自国《じこく》・他国《たこく》の区別なく，たがいに○○○○○することが大切である。

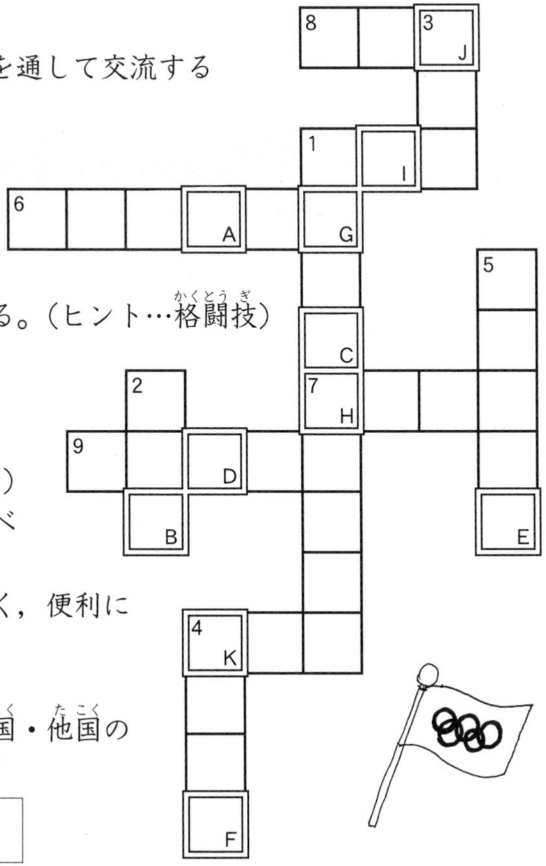

キーワード	A	B	C	D	E	F	G			H	I	J		K
								し	い				で	

【たてのかぎ】　1 こくさいこうりゅう（国際交流）　2 ぶんか（文化）　3 かぶき（歌舞伎）　4 すぽおつ（スポーツ）　5 じゅうどう（柔道）
【よこのかぎ】　1 こっき（国旗）　4 すもう（相撲）　6 おりんぴっく（オリンピック）　7 こうつう（交通）　8 こっか（国歌）　9 そんちょう（尊重）
【キーワード】　ぴかいちうつくしいこっかです（ぴか一美しい国家（国歌）です。）

6年生編＜世界の国々とのつながり＞

108 世界の課題クロスワード

名前（　　　　　　　　　　）

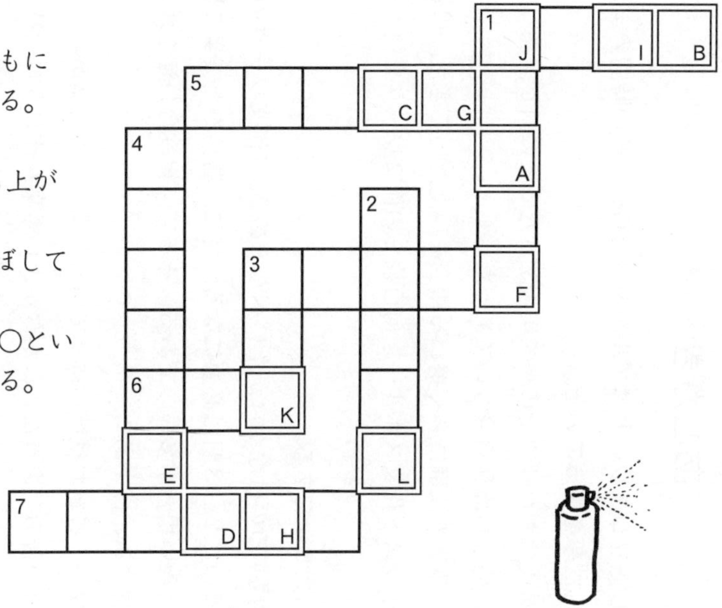

【たてのかぎ】

1　工場のけむりや自動車の排気《はいき》ガスにふくまれる有害《ゆうがい》な物質《ぶっしつ》が雨とともに地上にふりそそぎ，木が枯《か》れたり，川や湖の生き物が死んだりしている。このような雨を○○○○○という。

2　地球上の二酸化炭素《にさんかたんそ》（炭酸《たんさん》ガス・CO_2）が増えて，気温が今よりも上がる地球○○○○○が進んでいる。

3　海や空気（大気）の○○○が進み，生物に様々なえいきょうをおよぼしている。

4　毎年，人類《じんるい》に多大《ただい》な貢献《こうけん》をした人々に与えられる賞を○○○○○○○という。物理学《ぶつりがく》，化学，生理学・医学，文学，平和，経済学《けいざいがく》の６部門《ぶもん》がある。

【よこのかぎ】

1　地球の砂漠《さばく》が広がり，これまで農地だったところで，農作物《のうさくもつ》がとれなくなる現象がおきている。これを地球の○○○○という。

3　フロンガスによって地球を取り巻く○○○○○がはかいされている。これがはかいされると太陽の強い紫外線《しがいせん》が直接に地球にふりそそぐようになり，農作物や人体に悪いえいきょうをあたえる。

5　地球の赤道付近《せきどうふきん》に広がる○○○○○○が木材資源《もくざいしげん》として切り出されたり畑をつくるために焼きはらわれたりして急速にへっている。

6　人口の増加や災害によって，食料や○○○（石油・石炭・ガスなど）の不足が深刻《しんこく》になってきている。

7　○○○○○○（キリスト教・イスラム教・仏教など）や民族の対立などから，各地で紛争《ふんそう》がおきている。

キーワード	A	B	C	D	E	F	G	H	I	J	K	L

【たてのかぎ】　1 さんせいう（酸性雨）　2 おんだんか（温暖化）　3 おせん（汚染）　4 のおべるしょう（ノーベル賞）

【よこのかぎ】　1 さばくか（砂漠化）　3 おぞんそう（オゾン層）　5 ねったいりん（熱帯林）　6 しげん（資源）　7 しゅうきょう（宗教）

【キーワード】　せかいきょうりょくさんか（世界協力参加）

あとがき

毎時間の社会科の授業に対応したクロスワードパズルがあったら…。その時間のまとめをクロスワードパズルで締めくくる。そんな夢を持っていた。

今回，樋口雅子編集長，及川誠氏のおかげでその夢を実現できたことに対し，深く感謝申し上げる。この本を待ち望んでいたのは他ならぬ私自身なのであった。

これまで私は「作文ワーク」の執筆の仕事に多く携わる機会をいただいてきた。野口式ワーク，向山式ワーク，村野式ワーク，イラスト作文スキル…。何百枚もの作文ワークを執筆してきたことになる。

そして今回は「クロスワードパズル」である。

クロスワードパズルを１枚作成するのはなかなかたいへんである。「作文ワークの比ではない」というのが実感だった。１枚作るのに２～３日は必要になる。特に，言葉をたてよこに組み立てるのが難しい。どうしても組み合わない場合が多いのである。そこで，組み合わせを変えたり，他の言葉をさがしてみたり，悪戦苦闘するわけである。

何とか組めたとしても，キーワードを組む試練が待っている。すべての言葉から一文字ずつ集めて新しい言葉を作る。これがまた一苦労であった。なかなかよい言葉が作れない，欲しいあと一文字がどこにもないなど，これまた悪戦苦闘なのである。

それだけに１枚完成したときの達成感は大きかった。

そのクロスワードパズルを108枚作成した。すべて本書のために開発したものばかりである。

ちなみに今年（2005年）は日本に初めてクロスワードパズルが登場してからちょうど80年目の年である。クロスワードパズルは1925（大正14年）３月８日に『サンデー毎日』に紹介されたのが日本最初である。（発祥の地はアメリカ合衆国である。）

今では書店で様々なクロスワードパズルの本や雑誌が発売されている。80年間，こうして生き続けている人気パズルなのである。

そんなクロスワードパズルが全国各地の教室で子どもたちを夢中にさせることを夢見ている。

2005. 3. 8　クロスワード記念日に　**村野　聡**

【著者紹介】
村野　聡（むらの　さとし）
1963年　東京生まれ
現在，青梅市立第四小学校教諭
ＴＯＳＳ青梅教育サークル代表

〈著書〉

『二百字限定作文で作文技術のトレーニング』
『作文技術をトレーニングする作文ワーク集』
『〈ＰＩＳＡ型読解力を鍛える〉社会科「資料読み取り」トレーニングシート』
『社会科「重点指導事項」習得面白パズル―授業で使えるプリント集②』
『新版　〈ＰＩＳＡ型読解力を鍛える〉社会科「資料読み取り」トレーニングシート　３・４年編』（編著）
『新版　〈ＰＩＳＡ型読解力を鍛える〉社会科「資料読み取り」トレーニングシート　５年編』
『新版　〈ＰＩＳＡ型読解力を鍛える〉社会科「資料読み取り」トレーニングシート　６年編』
『圧倒的な作文力が身につく！「ピンポイント作文」トレーニングワーク』
『書く力がぐんぐん伸びる！　ピックアップ式作文指導レシピ33』

以上，すべて明治図書刊

【e-mail】fwkx7410@mb.infoweb.ne.jp
【HP】
インターネットランド（ＴＯＳＳ商標）http://www.tos-land.net/のNo.検索で「1117004」を入力。「向山式200字作文ワーク」

クロスワードで社会科授業が楽しくなる！
―授業で使えるプリント集

2005年４月初版刊　©著　者　村　野　　聡
2021年11月16版刊　発行者　藤　原　久　雄
発行所　明治図書出版株式会社
http://www.meijitosho.co.jp
（企画・校正）及川　誠
〒114-0023　東京都北区滝野川7-46-1
振替00160-5-151318　電話03(5907)6704
ご注文窓口　電話03(5907)6668

＊検印省略　印刷所　藤原印刷株式会社

Printed in Japan　ISBN4-18-464919-X

TOSS版教科書発展学習シリーズ

教科書をなぞるだけでは社会科は面白くない。社会科の学習をダイナミックにするために，教科書に「プラスワン」する授業例，事例を満載。

向山洋一・谷 和樹 編著

【4651・B5判 2160円】
社会科教科書プラスワン補充教材集３・４年

【4652・B5判 2100円】
社会科教科書プラスワン補充教材集５年

【4653・B5判 2160円】
社会科教科書プラスワン補充教材集６年

©PANSTOCK／MON−TRÉ SOR

【4542・A5判 1760円】谷　和樹著
新しい社会科授業への挑戦 10
授業で学び方技能をどう育てるか

【2833・B5判 1700円】谷　和樹著／有田　和正解説
支援の技術シリーズ 27
３年生の「学習技能」を鍛える

【1450・A5判 1660円】谷　和樹著
ＴＯＳＳ小事典シリーズ
出来る情報教育なんでも相談小事典

好評発売中

http://www.meijitosho.co.jp　FAX 048-256-3455
ご注文はインターネットかFAXでお願いします。（インターネットによるご注文は送料無料となります。）
〒170−0005
東京都豊島区南大塚2-39-5
明治図書　営業開発センター　TEL 048-256-1175

併記４桁の図書番号（英数字）でホームページでの検索が簡単に行えます。＊表示価格は本体価（税別）です。